50 ANS AU NATUREL !

DU MÊME AUTEUR

La Pilule et le stérilet en dix leçons, Hachette, 1975
La Stérilité et ses remèdes, Hachette, 1977.
La Contraception, Hachette, 1979.
Le Journal de ma grossesse (avec Catherine Singer), Hachette, 1980.
Les Hommes, tout ce que vous avez toujours voulu savoir sans oser le demander, Orban, 1981.
J'accouche en sécurité, Ramsay, 1982.
Femme pour toujours : la ménopause oubliée (avec Geneviève Doucet), Hachette-Pratique, 1984.
50 ans, vive la vie !, Édition° 1/Parents, 1986.
Guide OK, Votre corps, l'amour et la santé (avec Magda Darlet), Édipresse, 1988.
Guide pratique de la vie du couple (avec le Dr Jacques Waynberg), Filipacchi, 1988.
La Vie, l'amour racontés aux enfants, Édition° 1/Parents, 1988.
Un premier amour, Fixot, 1989.
La Femme et son corps, 1 000 réponses (avec Geneviève Doucet), Hachette, 1989.
Pour la passion des femmes, Balland, 1990.
Comment rester jeune après 40 ans, TF1 Éditions, 1991.
Encore plus femme, Lattès, 1993.
Le Sein, TF1 Éditions, 1993.
Comment rester jeune après 40 ans, version femmes, TF1 Éditions, 1995.
Comment rester jeune après 40 ans, version hommes, TF1 Éditions, 1995.
Le Poids, TF1 Éditions, 1996.
Le Bonheur à cinquante ans, Robert Laffont, 1997.
La Cellulite (ouvrage multidisciplinaire réalisé en tant que coauteur), Privat, 1997.
La Contraception, le meilleur choix pour le moindre risque, Minerva, 1998.
Viagra mode d'emploi, Robert Laffont, 1998.
Guide de la femme bien dans son corps, Marabout, 1999.
50 ans, vive la vie ! Guide pratique de la périménopause et de la ménopause, Filipacchi, 2000.

Dr DAVID ELIA

50 ANS AU NATUREL !

**La vérité sur les phytoestrogènes,
ces hormones qui viennent des plantes**

ROBERT LAFFONT

Avant-propos

On parle beaucoup des phytoestrogènes, ces temps-ci... En fait, à ce jour, il n'existe plus un seul gynécologue qui ignore l'existence de ces drôles de molécules ! Des milliers de publications leur ont été consacrées ; pas un congrès, pas une revue de littérature médicale sans de nouvelles révélations à leur sujet.

Qui l'eût cru ? Pas moi, en tout cas, il y a encore quelques années, je l'avoue.

Il n'en reste pas moins qu'une grande confusion s'attache à ces nutriments : comme toujours, lorsqu'il ne s'agit pas d'un médicament dont les actions, les bénéfices et les inconvénients sont en principe strictement connus, il circule des contre-vérités, des contresens et des inepties. Certains des bienfaits attribués aux phytoestrogènes ont été déjà prouvés sur le plan médical ; d'autres ne le sont pas mais restent probables ; d'autres encore sont imaginaires.

Ce livre n'est pas écrit par un phytothérapeute, opposant de la médecine officielle, mais par un médecin tout ce qu'il y a de plus traditionnel, qui se méfie de ce qui n'est pas scientifiquement démontré. Chacun pourra y trouver une information loyale, tranquille et dépassionnée sur un sujet qui n'en finit pas d'alimenter la chronique.

Docteur DAVID ELIA

1

Phytoestrogènes : de drôles de molécules !

Le terme « phytoestrogène » désigne un nombre très important de nutriments d'origine végétale. Tous ont une propriété essentielle : ils sont dotés d'une action hormonale.

Celle-ci ressemble, par certains côtés, à celle des vrais estrogènes – ces hormones clés de la féminité et de la fécondité. Toutefois, par d'autres côtés, elle est fort différente : plus faible et parfois même inverse ! C'est cette double action qui attire l'attention du corps médical sur ces nutriments, comme nous le verrons par la suite.

On distingue deux grands groupes de phytoestrogènes : les *isoflavones* et les *lignanes*.

Où en trouve-t-on dans la nature ?

Le soja sous toutes ses formes (farine de soja, haricots, concentrés de protéines, lait...) en est particulièrement riche. Mais on peut en retrouver aussi dans la bière, les pois chiches, le thé, et... le trèfle.

Un gramme de graines de soja contient deux milligrammes d'isoflavones.

Parmi les phytoestrogènes, les isoflavones sont certainement les molécules les plus étudiées à ce jour. Elles appartiennent à un groupe très important que l'on appelle « flavonoïdes » qui font partie de la famille des polyphénols, riches de plus de 4 000 molécules différentes !

Les lignanes se retrouvent dans les graines de céréales, les fruits (par exemple le pamplemousse...), les graines de légumineuses...

D'autres phytoestrogènes ont été étudiés tels que le cimicifuga, la gelée royale et le pollen de Perga (le melbrosia), les épinards, le thé vert...

Ce qu'il faut retenir : les phytoestrogènes comprennent deux grands groupes de molécules : les isoflavones et les lignanes. Ce sont les isoflavones de soja qui ont été le plus étudiées à ce jour.
Toutes ces molécules sont issues du règne végétal.

L'année où tout a commencé

Alors que l'Europe s'enfonce dans les atrocités de la Seconde Guerre mondiale, les services vétérinaires australiens se trouvent confrontés à un problème insolite, bien éloigné des tumultes politiques. Leurs troupeaux de brebis mérinos sont la proie d'un mal étrange : soit elles sont stériles, soit elles mettent au monde des mort-nés, soit elles connaissent des anomalies de l'utérus qui peuvent aller jusqu'à la descente d'organes. Chez les mâles castrés, les symptômes sont aussi surprenants : on constate une certaine fabrication de lait dans les glandes mammaires ! Le docteur H. W. Bennetts et ses collaborateurs, auteurs de l'observation mentionnée dans le très vénérable journal vétérinaire australien *Australian Veterinary Journal* de février 1946, soupçonnent l'alimentation de ces brebis d'être responsable du phénomène. « Il est évident, écrivent-ils, que cette maladie a une origine nutritionnelle, et que la consommation de trèfle rouge en est la principale cause. Ce phénomène semble dû à un déséquilibre hormonal, en particulier un excès d'estrogènes... Les faits suggèrent fortement que les pâturages de ces brebis contiennent quelques principes qui ressemblent de près ou de loin à des estrogènes ou à une substance qui potentialise considérablement les effets des estrogènes. Cette hypothèse est sérieusement confirmée par le fait que les brebis non enceintes développent leurs mamelles et ont une sécrétion de lait. »

Nous savons maintenant que le trèfle rouge est une source importante de phytoestrogènes.

C'était la première fois que des scientifiques suggéraient que des plantes pouvaient avoir une activité hormonale, estrogénique, ici particulièrement délétère.

**Les estrogènes humains :
des hormones bien différentes
des phytoestrogènes**

Il s'agit des hormones fabriquées par les ovaires, de la puberté jusqu'à la ménopause. Ces molécules extrêmement puissantes sont responsables de la pousse des seins, de la

qualité de la peau, de la localisation graisseuse féminine (en bas du corps), du maintien de la masse osseuse (elles préviennent
l'ostéoporose)... Elles sont impliquées de
façon fondamentale dans le système de l'ovulation, de la fécondation, puis du maintien de
la grossesse.

C'est leur absence au moment de la
ménopause (lorsque les ovaires s'arrêtent
d'en fabriquer) qui provoque les symptômes
bien connus : bouffées de chaleur, suées,
douleurs articulaires, insomnies, dépressions, migraines...

Les estrogènes sont aussi responsables du
cycle, avec la progestérone : sans estrogènes,
il ne peut y avoir de règles (alors que sans
progestérone mais avec des estrogènes les
règles surviennent quand même – certes à
des dates plus ou moins anarchiques).

Les estrogènes sont donc les hormones clés
de la féminité et de la fécondité.

Les estrogènes et leurs récepteurs

Les hormones (quelles qu'elles soient) ont
besoin de se fixer sur des récepteurs pour
produire leurs effets. Un peu comme une clé
qui doit s'adapter à une serrure pour ouvrir
une porte. Les « serrures » des estrogènes
sont de deux types : type I et type II ou
encore alpha et bêta. Tous les tissus du corps
humain contiennent plus ou moins de récep-

teurs alpha et bêta. Il s'agit là d'une découverte récente : jusqu'il y a peu de temps, nous pensions qu'il n'existait qu'un seul type de récepteur à estrogènes.

Les phytoestrogènes se fixent avec la même puissance que les estrogènes fabriqués par les ovaires sur les récepteurs de type II, c'est-à-dire bêta. Au niveau de ces récepteurs, ils se livrent à une véritable compétition avec les estrogènes de l'organisme. On pense même que les phytoestrogènes pourraient empêcher les estrogènes de se lier avec le récepteur bêta. C'est ainsi que certains scientifiques envisagent d'expliquer l'action frénatrice de la croissance des cellules qui serait induite par les phytoestrogènes (et donc, en particulier, leur action anticancéreuse).

Les phytoestrogènes ne sont pas... des estrogènes !

Reprenons notre image de clé et de serrure : la « clé phytoestrogène » n'ouvre pas exactement les mêmes « serrures » que les estrogènes :

— ainsi, les estrogènes stimulent la croissance de la muqueuse utérine, cette délicate architecture de chair qui croît tout au long du cycle sous l'effet des estrogènes. C'est la desquamation de cette muqueuse qui provoque les règles. Les phytoestrogènes, eux, n'ont absolument aucune action sur cette muqueuse, qui resterait fine et atrophique si elle n'était soumise qu'à leur influence ;

— les estrogènes stimulent la croissance des glandes mammaires : sous leur effet, les seins deviennent sensibles, plus volumineux, tendus. Or les phytoestrogènes n'ont strictement aucune action sur les glandes mammaires ;

— en revanche, les estrogènes inhibent les bouffées de chaleur des femmes ménopausées (carencées en estrogènes)... et les phytoestrogènes aussi !

On considère que les phytoestrogènes sont mille fois moins puissants que l'estradiol (qui est l'un des principaux estrogènes fabriqués par les ovaires). Mais ils se fixent avec la même puissance que lui sur les récepteurs de type II (bêta).

C'est la raison pour laquelle on assimile souvent les phytoestrogènes à des SERM (*Selective Estrogens Receptors Modulators*). Ces SERM sont des estrogènes qui ont, selon les récepteurs du corps auxquels ils se lient, des actions strictement identiques à celles des estrogènes ou au contraire totalement opposées. L'un des SERM les plus couramment utilisés est le tamoxifène (pour lutter contre les récidives de cancer du sein). Le tamoxifène est une molécule qui « verrouille » complètement les récepteurs des cellules mammaires (les rendant insensibles aux estrogènes) tandis qu'il possède les mêmes actions positives que les estrogènes, par exemple sur l'os (en prévenant l'ostéoporose) ou encore sur l'utérus (en faisant croître la muqueuse utérine). Les SERM sont des molécules entièrement créées par les chimistes des laboratoires. Les phytoestrogènes issus du monde végétal miment les actions des SERM (en moins fort).

On considère ainsi que les phytoestrogènes ont une action verrouillante sur les récepteurs à estrogènes des seins et de l'utérus, alors qu'ils ont une action positive (allant dans le même sens que les estrogènes) par exemple sur les phénomènes de thermorégulation ou encore, comme nous le verrons, sur le métabolisme des graisses sanguines.

Ce qu'il faut retenir : les phytoestrogènes sont des hormones végétales qui ont une certaine ressemblance avec les estrogènes fabriqués par les ovaires. Ils s'en distinguent cependant en de nombreux points. Selon les récepteurs (les « serrures » du corps) auxquels ils se lient, ils engendrent des actions identiques ou diamétralement opposées à celles des estrogènes traditionnels.

Cela explique que, selon les endroits où les phytoestrogènes agissent dans le corps humain, on puisse observer des phénomènes comparables à ceux provoqués par les estrogènes humains ou au contraire totalement opposés.

Les phytoestrogènes les plus connus sont les isoflavones de soja qui, au contact des bactéries intestinales de notre tube digestif, se transforment principalement en génistéine et en daidzéine.

Il existe dans un grand nombre de plantes des molécules qui, lorsqu'elles sont absorbées et transformées par les bactéries du tube digestif, se transforment en composés hormonaux ayant une action comparable à celles des estrogènes fabriqués par les ovaires féminins.

Ces actions sont de beaucoup plus faible puissance (activité mille fois inférieure à celle des estrogènes humains). Mais, et c'est une autre de leurs caractéristiques, les phytoestrogènes peuvent avoir une action « antiestrogénique » (totalement opposée à celle des estrogènes humains).

2

La santé des Asiatiques : des constatations étonnantes !

C'est peu dire que l'alimentation des Asiatiques diffère de la nôtre ! Du moins dans les contrées rurales car, dans les villes, leur alimentation a tendance à s'occidentaliser.

On estime que les populations asiatiques consomment de 25 à 45 mg d'isoflavones par jour. Ce sont les Japonais qui en consomment le plus, avec une diète quotidienne de produits dérivés du soja estimée à 200 mg par jour.

En Asie, le soja est consommé sous toutes ses formes. Le tofu est l'aliment de base. La « soupe miso » vient ensuite. Le lait est, bien sûr, du... lait de soja. Bref, l'alimentation asiatique est d'une richesse extrême en isoflavones. Par comparaison, les Occidentaux n'en consomment spontanément que 5 mg par jour !

Le nombre des cancers du sein, de l'intestin (du côlon), de l'utérus et des ovaires est bien plus faible en Asie que dans nos contrées occidentales. Le risque spontané de cancer du sein d'une Japonaise s'établit autour de 2 %, contre 10 à 11 % pour les Françaises et 14 % à 15 % pour les

16

Américaines ! On a remarqué que les Asiatiques qui émigrent dans nos pays mais qui conservent leur mode alimentaire n'augmentent pas leurs risques spontanés. Par contre, un fait incontestable : le risque de cancer des Asiatiques augmente dès que leur diète devient plus occidentale. Il est possible de suivre à la trace des Asiatiques qui émigrent vers l'Est : leur risque de cancer du sein augmente au fur et à mesure qu'elles se dirigent du Japon vers la côte est des États-Unis : au Japon, le risque de cancer du sein est inférieur à celui trouvé à Hawaii, qui est inférieur à celui de la Californie, lui-même inférieur à celui de la côte est des États-Unis.

L'analyse des études épidémiologiques ayant porté sur la période de 1950 à 1990 montre que la mortalité par cancer du sein continue d'augmenter de façon beaucoup plus importante dans les pays occidentaux qu'au Japon. Cependant, il faut noter que, au cours des quinze à vingt dernières années, le nombre total de cancers du sein a été multiplié par 2,5 au Japon !

Le risque de cancer de l'utérus est lui aussi différent selon que l'on vit aux États-Unis (vingt-cinq cas pour cent mille femmes), à Singapour ou au Japon (deux cas pour cent mille femmes).

Quant au risque de cancer de la prostate, on considère qu'il est dix fois moins important pour un Chinois habitant Shanghai que pour un Noir américain habitant la Caroline du Nord. On a même remarqué une baisse du risque de cancer de la prostate chez les maris caucasiens (blancs) de femmes asiatiques par rapport au risque trouvé chez les maris de femmes elles aussi caucasiennes. Tout se passe donc comme si la tradition culinaire de la conjointe avait une incidence importante sur le risque de cancer de la prostate de son mari.

Ce n'est pas tout : le principal fauteur de décès dans l'espèce humaine, le risque cardiovasculaire (infarctus du myocarde, accident vasculaire cérébral...), est beaucoup moins important en Asie.

Et encore : le nombre de Japonaises ménopausées se plaignant de bouffées de chaleur est infiniment plus faible que celui dont nous avons l'habitude dans nos contrées. Un quart des Japonaises ménopausées se plaignent de bouffées de chaleur contre 75 % des Françaises et 85 % des Nord-Américaines. Certains continuent de penser qu'il s'agit là d'un phénomène purement culturel : si les Japonaises se plaignent très peu de symptômes de la ménopause c'est qu'on leur a enseigné depuis toujours à accepter leurs maux – en fait, l'expression « bouffée de chaleur » n'existe tout simplement pas en japonais. Mais, à mon sens, et nous le verrons ultérieurement, cette différence n'est pas seulement culturelle.

Enfin, le nombre de fractures osseuses provoquées par l'ostéoporose est, en Asie, parmi les plus bas de la planète !

Parmi les explications :
les phytoestrogènes ?

Bien évidemment, la constatation de ces différences ne manque pas d'intriguer les scientifiques. On a cru, tout d'abord, à une protection génétique : les Asiatiques seraient moins souvent malades que les Occidentaux parce qu'ils seraient naturellement plus solides. Mais le fait qu'ils deviennent aussi vulnérables que les Occidentaux lorsqu'ils vivent à l'occidentale a infirmé l'hypothèse et orienté les recherches vers les habitudes alimentaires.

— Premiers suspects, les matières grasses. En effet, dans les années 50, le régime japonais ne comportait que 8 % de matières grasses contre plus de 30 % aux États-Unis. Les médecins ont longtemps espéré que la diminution de la consommation de graisses serait un facteur de décroissance du nombre de cancers du sein aux États-Unis. Mais ils déchantèrent ; les faits se révélèrent décevants. D'ailleurs, aujourd'hui, l'alimentation de la Japonaise urbaine comporte, elle aussi, plus de 30 % de matières grasses.

— C'est alors qu'on est allé voir du côté du soja. Les études avaient montré qu'au Japon l'incidence du cancer du sein augmente chez les femmes vivant dans les villes, alors qu'il reste toujours bas dans les campagnes. Or les populations rurales continuent de consommer des aliments particulièrement riches en riz et en soja tandis que les femmes des villes adoptent un régime qui se rapproche du nôtre.

— Les phytoestrogènes sont donc, comme nous allons le voir, d'excellents candidats à l'explication des différences qui séparent l'Asie de l'Occident. Restons cependant prudents : pendant des décennies nous avons cru dur comme fer que les graisses alimentaires étaient les pourvoyeurs de tous nos maux. Or si l'idée était bonne pour le risque cardio-vasculaire, elle ne l'était pas pour les risques cancéreux. L'équation « Asie = consommation dix fois plus riche en isoflavones = infiniment moins de cancers » est certes séduisante mais n'est étayée que par des éléments de présomption. Les preuves manquent encore singulièrement.

3

Le soja : une drôle de plante !

Le soja : nature et propriétés

Le soja, ce n'est pas ce que vous mangez au restaurant chinois ! La plupart d'entre vous identifient le soja et ses composés salutaires aux pousses de soja qui agrémentent les différents plats que nous savourons dans ces restaurants chinois. Erreur : ces pousses n'ont pas grand intérêt pour la santé.

Tout est dans le « fruit », dans le « haricot »... La quintessence même du soja réside dans ses graines, qui ressemblent à des haricots blancs en forme de ballons de rugby. Lorsqu'elles sont mûres, la plupart de ces graines de soja sont de couleur jaune et présentent sur l'une de leurs faces une sorte de petite fente brune. Certaines variétés sont de couleur brune, voire noire. Lorsqu'elles sont immatures, les graines de soja sont vertes et ressemblent alors à des petits pois. Au Japon, ces graines immatures de soja portent le nom de *edamame*.

Les graines de soja sont disponibles dans les magasins d'alimentation spécialisés et, bien entendu, sur tous les marchés asiatiques du monde.

Les graines sèches peuvent être stockées en conteneurs pendant de nombreux mois. En revanche, les graines fraîches (vertes) doivent être conservées au réfrigérateur et consommées dans les deux jours ou bien mises au congélateur.

La graine de soja : très riche en protéines

En Occident, nous tirons nos protéines de la viande, du fromage, des laitages et des œufs... Dans le règne animal donc plutôt que dans le règne végétal. Or les graines de soja sont exceptionnellement riches en protéines : 35 à 40 % de leurs calories proviennent de protéines. Par comparaison, les autres légumineux n'en apportent que 20 à 30 %.

Et il ne s'agit pas de n'importe quelles protéines, il s'agit des meilleures ! D'une qualité égale à celles apportées par la viande ou les produits laitiers.

Je vous rappelle que les protéines comptent parmi les éléments essentiels du bon état de notre organisme (muscles, cellules, os, organes nobles...) Ces protéines ressemblent à des colliers dont chacune des perles aurait un acide aminé représentant l'unité de base. Une fois consommées, les protéines sont cassées, et leurs acides aminés agissent sur l'organisme, concourant notamment à l'élaboration des anticorps et des enzymes essentiels à la santé. Parmi les vingt acides aminés dont nous avons absolument besoin pour vivre, onze sont autoproduits par le corps. Les neuf autres doivent être apportés par l'alimentation. La graine de soja pourvoit merveilleusement à ce besoin puisqu'elle contient la presque totalité de ces neuf acides aminés manquants !

Le soja, cela contient des fibres

C'est là une propriété importante de la plupart des légumes que nous absorbons. On considère aujourd'hui qu'un régime riche en fibres peut contribuer à prévenir un certain nombre de cancers et de maladies cardio-vasculaires – l'Institut national américain du cancer recommande de consommer 25 à 30 grammes de fibres par jour. Nous sommes souvent encore loin du compte, même en France où nous jouissons d'une alimentation particulièrement diversifiée. Les graines de soja représentent une excellente source de fibres végétales : un quart de tasse de graines de soja en contient huit grammes.

Bien entendu, des aliments dérivés des graines de soja comme la farine de soja et le tempeh (voir plus loin) sont aussi riches en fibres. Mais il faut savoir que certains d'entre eux, en raison de leur préparation, perdent la plupart de leurs fibres ; c'est le cas du tofu (voir plus loin) et du lait de soja.

Le soja, c'est riche en calcium

Nous considérons qu'une alimentation équilibrée doit apporter un gramme de calcium par jour. Les plus connus de ces aliments riches en calcium sont dérivés du lait : yaourts, fromages, etc. Beaucoup de femmes se méfient de ces aliments par peur de grossir – les produits laitiers ont, en ce domaine, une mauvaise réputation. Mais ce qui fait grossir, dans les aliments dérivés du lait, ce sont les matières grasses, non le calcium. Je suis frappé de constater, au cours de mes consultations quoti-

diennes, les erreurs commises à propos des préten-
dus effets grossissants du calcium. Je le répète : le
calcium ne fait pas grossir, au contraire des
graisses.

Les graines de soja sont riches en calcium : une
tasse de graines de soja contient près de 400 mg de
calcium. Certains aliments préparés à partir du soja
en contiennent plus encore : c'est le cas des
graines grillées et du tofu.

Les graines de soja sont également une bonne
source de minéraux tels que le magnésium et le
cuivre... et de vitamines ! L'alimentation à base de
soja apporte, en effet, un nombre considérable de
vitamines, en particulier de vitamines B.

Le soja est riche en « bonnes graisses »

Les graisses végétales sont de loin préférables
aux graisses d'origine animale. À valeur énergétique égale (100 g de beurre = 100 g de margarine
végétale = 900 calories), les acides gras contenus
dans les végétaux ont des vertus intéressantes en
matière de santé cardio-vasculaire. On considère
qu'un régime alimentaire équilibré ne devrait pas
comporter plus de 30 % de graisses, dont 10 % seulement de graisses animales (viandes et produits
laitiers). Le soja est un végétal riche en acides gras
dits « non saturés » par opposition aux acides gras
d'origine animale. Il peut donc être considéré, à
l'instar des végétaux, comme un aliment de santé
cardio-vasculaire. En effet, près de 85 % de la
graisse contenue dans les graines de soja sont non
saturés ; il s'y trouve, en revanche, des acides gras
essentiels tels que les acides linoléique et linolé-

nique. L'huile de soja est riche en vitamine E (une vitamine que nous classons parmi les armes anti-radicaux libres). Une cuillère à café d'huile de soja apporte plus de 10 % de la dose quotidienne de vitamine E recommandée. Enfin, les graines de soja ne contiennent pas de cholestérol.

Le soja n'est pas « grossissant » !

Prenons quelques exemples : une demi-tasse de graines de soja cuisinées apporte 150 calories, dont 50 % proviennent des protéines, 30 % des graisses (végétales non saturées) et 20 % des sucres. Une demi-tasse de tofu apporte 94 calories.

Les graines de soja contiennent un trésor : les isoflavones. C'est ce que nous appelons les phytoes-trogènes, dont les principaux sont la daidzéine et la génistéine (cf. p. 15). La proportion de génis-téine et de daidzéine varie, mais, en général, il faut compter 70 % de génistéine pour 30 % de daid-zéine. Je rappelle que les isoflavones ont un squelette chimique qui ressemble fort à celui des estrogènes classiques – ce sont des « estrogènes faibles ».

Une graine de soja sèche contient entre 2 et 4 mg d'isoflavones par gramme. La plupart des dérivés du soja (tofu, lait de soja, tempeh, miso) en contiennent entre 30 et 40 par portion.

Attention ! Deux produits ne contiennent pas d'isoflavones : la sauce de soja (cette sauce brune très salée servie dans les restaurants chinois) et l'huile de soja.

Quant aux concentrés de protéines de soja, ils

contiennent des proportions d'isoflavones qui varient selon leur mode de préparation.

De nouveaux produits à base de soja ont été élaborés, tels que les hot-dogs de soja et la crème glacée au lait de soja. Ils ne sont pas toujours aussi riches en isoflavones que ceux précédemment cités dans la mesure où des composants étrangers au soja entrent dans leur fabrication.

Nouveau !

Pour la première fois, les isoflavones de soja sont intégrées dans des barres hyperprotéinées de 130 à 140 calories (saveurs chocolat, vanille, pêche et pâte de fruit cassis) et dans des plats allégés hyperprotéinés de 200 à 250 calories aux saveurs sympathiques (jambon sauce madère, poulet au curry, émincé de dinde aux champignons, thon à la provençale, salade de thon texane).

Barres et plats allégés contiennent chacun 30 mg d'isoflavones de soja. Ils constituent une nouvelle forme d'aliments très riches en phytoestrogènes mais parfaitement adaptés au goût et à la culture occidentale.

Ces « prêts à consommer » se conservent à température ambiante.

Une manière simple et agréable d'allier désir de maigrir en contrôlant ses apports caloriques en les complémentant en isoflavones de soja (ces produits sont commercialisés sous la marque AXODIET du Laboratoire AXONE PSP : BP 88 59588 Bondues cedex, tél : 03 20 69 00 00, fax : 03 20 01 34 35, e-mail : contact@axodiet.com, site internet : www.axodiet.com).

Les différents aliments à base de graines de soja

Les aliments traditionnels

Consommés par les Asiatiques depuis des millénaires, ils comptent trois plats principaux.

• **Le tofu.** Il s'agit d'une préparation dont l'aspect, mais non le goût, évoque celui du fromage (mozarella italienne ou feta grecque). Sa couleur est blanche, sa consistance dure ou molle, selon les cas. Fade, elle est rarement prisée des Occidentaux. Elle est consommée grillée, frite et mêlée à diverses sortes de soupes. On obtient le tofu en ajoutant un coagulant au « lait » qui résulte de la pressure et de la filtration des graines de soja cuites. Le coagulant utilisé est traditionnellement à base de sulfate de calcium et de chlorure de magnésium.

En Occident, le tofu peut être vendu comme un produit frais par certaines boutiques japonaises. Conditionné en packs sous-vide, il peut être acheté dans les boutiques asiatiques. Le tofu frais doit être conservé au réfrigérateur, dans une eau qui doit être changée tous les jours. Le tofu empaqueté sous vide peut être conservé beaucoup plus longtemps (à condition d'être placé au réfrigérateur dès que l'emballage est ouvert). Il peut être congelé.

Cet aliment traditionnel est une source considérable de protéines. Il est riche en vitamines B et en fer. Il contient 50 % de matières grasses – consistant en graisses insaturées, donc particulièrement favorables à notre santé cardio-vasculaire. Il contient très peu de sodium et, bien entendu, *énormément* de phytoestrogènes. Le coagulant utilisé, à base de sulfate de calcium, représente en lui-même une source non négligeable de calcium.

Les différentes consistances du tofu permettent de varier sa préparation : le tofu ferme peut être frit ou grillé sur un barbecue... Crémeux, il peut alors être adjoint à des purées – cette forme de tofu est la plus faible en matières grasses. Il est même possible de trouver du tofu « allégé en matières grasses » ou à « 0 % de matières grasses » !

• **Le lait de soja.** Il est utilisé par les Asiatiques exactement comme nous utilisons le lait de vache (lait, fromages, yaourts, etc.). Obtenu à partir des graines de soja, il doit être porté à haute température pour acquérir une consistance liquide. La cuisson est alors beaucoup plus longue que celle nécessaire pour le tofu. Pour être plus attrayant, le lait de soja est le plus souvent agrémenté d'additifs édulcorants tels que huile, sels, arômes (fraise, menthe, banane, vanille, coco...). Il offre une excellente alternative au lait de vache, en particulier pour ceux et celles qui présentent une intolérance au lactose, le sucre du lait.

Il est une source importante de protéines, de vitamine B, de fer. Il n'est pas rare, d'ailleurs, de trouver des produits enrichis en calcium, en vitamine B12. Il est facile d'en trouver dans les boutiques et les rayons consacrés à la santé ou sur les marchés chinois. Il est éventuellement consommable frais, mais alors il doit être conservé au réfrigérateur. Le conditionnement sous pack stérile est évidemment plus pratique. Comme nous le faisons avec nos laits traditionnels, il faut alors mettre les emballages ouverts au réfrigérateur. On trouve aussi du lait de soja en poudre, à conserver au réfrigérateur, voire au congélateur. Il existe du lait de soja allégé en matières grasses ou à 0 % de matières grasses.

Les enfants peuvent boire du lait de soja, mais je vous conseille de ne pas en donner aux bébés. Si vous y tenez, il faut alors dénicher des laits de soja spécifiquement modifiés pour les bébés (maternisés), ce qui n'est pas facile en Occident (un produit pourtant couramment disponible en Asie).

• **Le miso.** Il s'agit d'une pâte fermentée de soja. Le miso est la base de nombreuses soupes. On peut aussi l'utiliser comme un condiment ou même le rajouter à certains thés. On l'obtient en cuisant les graines de soja puis en les mélangeant soit à du riz, soit à des graines de soja fermentées avec un champignon que l'on appelle *Aspergillus sojae*. Le mélange est ensuite incubé et fermenté : on obtient ce que l'on appelle le moromi. Ce moromi est ensuite pasteurisé et conditionné. Le miso a un goût très salé. Il doit être conservé au réfrigérateur.

• **L'huile de soja.** Elle est extraite des graines de soja. Pauvre en graisses saturées (les graisses « mauvaises » pour le cœur et les artères), elle ne contient pas de cholestérol et se révèle être une source importante d'acides gras oméga-3, une graisse réputée pour réduire le risque des maladies cardio-vasculaires, très présente dans les poissons. Elle a un goût léger et supporte une haute température d'ébullition : vous pouvez donc l'utiliser pour les fritures.

Les produits utilisés en Occident

Les extraits protéinés. On les trouve dans de très nombreux aliments préparés, vendus dans nos supermarchés. Ils ne contiennent pas moins de 90 % de protéines !

Les concentrés de protéines de soja. Ils sont également présents dans de très nombreux aliments industriels. Ils contiennent 65 % de protéines.

La farine de soja. De même très utilisée dans notre industrie alimentaire, elle contient entre 40 et 54 % de protéines. Elle est disponible sous la forme de particules plus ou moins fines.

Les produits nouveaux

Nous nous voyons de plus en plus souvent proposer des aliments qui ressemblent à s'y méprendre à de la viande, à des fruits de mer, ou encore à de la volaille : « Si tu ne vas pas au soja, le soja viendra à toi ! » Il existe en effet des hamburgers au soja, des hot-dogs au soja, des saucisses, des fromages, des glaces et toutes sortes de succédanés de nos produits laitiers traditionnels. Pour certains d'entre eux, je vous mets au défi de faire la différence !

Les compléments alimentaires

Notre gastronomie française est la meilleure du monde... Et il est impensable que, quelles que soient les vertus du soja, nous acceptions de ranger au placard notre foie gras, notre dinde aux marrons, notre cassoulet et nos centaines de fromages régionaux dont la saveur est inégalable.

Certains d'entre vous parviendront cependant à remplacer une certaine partie de leur ration alimentaire quotidienne sans bouleverser pour autant leur goût : de bons yaourts de soja sont capables de concurrencer nos yaourts de la ferme ; les gâteaux peuvent être « faits maison » avec de la farine de soja sans différence de goût ; on peut préparer de délicieux milk-shakes au lait de soja ; enfin, les graines de soja pourront être cuisinées pour un plaisir comparable à celui que nous procurent nos traditionnels fayots.

Cependant, pour la majorité d'entre vous, cette nouvelle alimentation est impossible à pratiquer, soit par manque de temps, soit par difficulté de trouver des aliments à base de soja, soit encore et surtout par tradition culinaire. Si vous voulez bénéficier malgré tout des vertus du soja, vous pouvez alors vous tourner vers ce que l'on appelle les compléments alimentaires à base de soja.

Les phytoestrogènes en compléments alimentaires : les principales spécialités françaises

Depuis bientôt dix ans que les scientifiques du monde entier publient des résultats favorables à la consommation du soja, les industriels n'ont pas chômé : très rapidement les principes actifs ont été extraits de la plante dans le but de profiter de ses vertus phytoestrogéniques, et conditionnés en comprimés, gélules, dragées. La phytothérapie, jusque-là réservée aux nostalgiques de Rika Zaraï, devient l'affaire de tous lorsqu'il s'agit de soja !

Et c'est ainsi que, depuis maintenant trois ans, nous assistons à une véritable explosion de spécialités dont la première fut Phytosoya®, bientôt suivie d'Evestrel® puis de Gydrelle Phyto®, de Soja Cal®, et Soja Mag®...

Ces compléments alimentaires *ne sont pas des médicaments* : ce sont bien des compléments alimentaires. Comprenez qu'il s'agit de substances classées parmi celles qu'on ajoute à l'alimentation quotidienne parce qu'on lui suppose un effet bénéfique sur la santé. Le terme *alicament* est de plus en plus utilisé aujourd'hui pour faire référence à ces éléments alimentaires.

En ce domaine, les Américains sont très avancés puisque, aux États-Unis, des boutiques spécialisées (*health stores*) vous proposent toutes sortes de compléments alimentaires, depuis la vitamine C jusqu'au magnésium en passant par la mélatonine et la DHEA ! Attention : je voudrais signaler l'aberration qui consiste à classer la mélatonine et la DHEA parmi les compléments alimentaires – il ne s'agit pas de substances naturelles que l'on trouve dans les prés ou ailleurs dans la nature ; il s'agit bel et bien d'hormones au même titre que les hormones estrogènes qui vous sont administrées par voie médicamenteuse pour traiter votre ménopause.

Les compléments alimentaires ne sont pas soumis aux mêmes règles de commercialisation et de surveillance que les médicaments. Ces derniers doivent, pour être commercialisés, obtenir ce que l'on appelle une AMM (autorisation de mise sur le marché). Il s'agit d'une procédure longue (elle dure au minimum sept ans, souvent jusqu'à quinze ans), coûteuse, extrêmement précise et compliquée. Le label exigé pour la sortie d'un médicament est évidemment une garantie de sécurité. Le coût d'une AMM pour un médicament simple peut atteindre plusieurs centaines de millions ! C'est le ministère de la Santé (Agence française de sécurité sanitaire des produits de santé) qui veille au respect de la législation.

Les compléments alimentaires, eux, n'exigent ni ces années de recherche ni ces investissements. Ils sont soumis à des règles qui sont celles de l'industrie agroalimentaire ; les critères nécessaires à la commercialisation des phytoestrogènes ne sont pas très différents de ceux qui président à la naissance d'un sirop à la fraise ou d'un surgelé. C'est la Direction générale de la concurrence, de la consommation et de la répression des fraudes (DGCCRF) qui contrôle le respect de la législation sur les compléments alimentaires. Les contraintes imposées aux producteurs de compléments nutritionnels n'arrivent pas au centième de celles qui sont imposées aux industriels du médicament.

Loin de moi l'idée d'enfermer les fabricants de compléments alimentaires à base de soja dans une procédure proche de l'AMM : les molécules en question sont, de toute façon, contenues dans le soja ; des millions d'Asiatiques les absorbent quotidiennement sans demander une autorisation sanitaire ! Toutefois, l'expansion des produits proposés justifierait un contrôle plus rigoureux. « Nous avons beaucoup de problèmes avec ces compléments nutritionnels ; certains d'entre eux ne sont pas conformes à la réglementation en vigueur », indique sobrement la DGC-CRF (*Le Figaro* du vendredi 10 mai 2000).

L'absence d'AMM explique l'inutilité d'une ordonnance de prescription médicale pour acheter ces produits disponibles en pharmacie mais aussi, pour certains d'entre eux, en parapharmacie, et – évidemment – non remboursables par la Sécurité sociale.

**Les principales marques
de compléments alimentaires**
(liste non exhaustive)

— Phytosoya® : il s'agit de gélules comportant chacune 17,5 mg de phytoestrogènes (génistéine et daidzéine).

— Evestrel® : ce sont des dragées contenant chacune 37,5 mg de génistéine et de daidzéine.

— Gydrelle Phyto® : chacune des gélules contient 45 mg de phytoestrogènes.

— Œnobiol Féminité® : ce produit n'affiche pas clairement sa teneur en phytoestrogènes.

— Gynalpha® (38 mg d'isoflavones).

— Gynalpha fort® (76 mg d'isoflavones).

— Phyto Cal et Phyto Mag. Chaque gélule contient 60 mg de phytoestrogènes.

Les posologies habituellement recommandées tournent autour de 60 à 100 mg d'isoflavones par jour (selon la spécialité choisie, il faut absorber entre une et quatre unités par jour). Les prix s'étalent entre 80 et 150 francs par mois – ils sont libres ; votre pharmacien peut donc vous vendre ces produits au prix qu'il désire, au même titre que le coton hydrophile et les brosses à dents. Faites donc jouer la concurrence !

Argumentaire d'Evestrel® tel qu'il est présenté aux médecins français par les visiteurs médicaux

• Une filière de fabrication 100 % française (soja français non génétiquement modifié).

• Un procédé de fabrication innovant est projeté.

À partir du jus de graines de soja, la méthode ultrafiltration contrôlée en pression, débit et température permet d'obtenir un extrait contenant uniquement les substances les plus actives et respectant la composition naturelle en isoflavones des graines utilisées (2/3 de génistéine pour 1/3 de daidzéine sous leur forme conjuguée naturelle).

C'est à partir de ce concentré original que sont élaborés, selon les procédures de fabrication pharmaceutique, les comprimés d'Evestrel® dont chacun contient 37,5 mg d'isoflavones.

• Pharmacocinétique d'Evestrel®

Après transformation enzymatique par la flore intestinale, les isoflavones sont rapidement absorbées (pic plasmatique à deux heures). Elles subissent par ailleurs un cycle de réabsorption entéro-hépatique. Les isoflavones sont éliminées principalement par les urines. Les caractéristiques pharmacocinétiques d'Evestrel® lui confèrent une bonne couverture du nycthémère par une administration biquotidienne.

• Équivalence alimentaire

Deux comprimés d'Evestrel® = 75 mg d'isoflavones, 40 g de graines de soja, 40 g de farine de soja, 200 g de tofu, 400 à 1250 ml de lait de soja.

Argumentaire médical de Gydrelle Phyto tel qu'il est donné aux médecins par la visite médicale

• Le soja de Gydrelle Phyto®
— Garanti sans OGM.
— Norme ISO 9001, méthode HACCP.
— Hautement titré : 15 % minimum d'iso-flavones.
• La gélule de Gydrelle Phyto
Le plus fort apport d'isoflavones de soja :
— 45 mg par gélule.
• L'observance de Gydrelle Phyto
— Une prise par jour de deux gélules.

Argumentaire de Soja Cal et Soja Mag présenté aux médecins

Phytoestrogènes de soja + calcium *ou* + magnésium
60 mg d'isoflavones de soja
240 mg de calcium (pour mieux lutter contre l'ostéoporose)
ou
300 mg de magnésium (pour restaurer l'équilibre psychique).
Deux gélules à avaler avec un verre d'eau.

Isoflavones : quelle quantité quotidienne ?

75 mg d'isoflavones est la dose efficace pour agir sur les bouffées de chaleur.

Pour l'obtenir, il faut consommer :

— 1/2 litre à 1 litre de lait de soja (selon sa qualité).

— 40 g de farine de soja.

— 200 g de tofu frais.

— 40 g de graines de soja.

Une question reste cependant à examiner. Peut-on considérer que les compléments alimentaires ont exactement les mêmes propriétés que les produits naturels à base de soja ?

Certainement oui en ce qui concerne leur teneur en phytoestrogènes (en particulier en génistéine et en daidzéine) ; la plupart des produits commercialisés en affichent d'ailleurs la concentration, vous permettant d'évaluer la quantité d'isoflavones que vous vous administrez. Dans la mesure où l'immense majorité des bienfaits du soja repose sur la présence de ces isoflavones, on peut considérer que ces compléments sont une bonne alternative aux habitudes alimentaires traditionnelles des Asiatiques. D'ailleurs, nombre d'expérience faites sur les bouffées de chaleur ont démontré que c'étaient les isoflavones, et non les autres composants du soja (fibres ou minéraux) qui étaient susceptibles de traiter le problème. Cette certitude ne peut être étendue à l'optimisation des graisses sanguines ; sur ce sujet précis, l'action réelle des compléments alimentaires à base d'isoflavones est encore douteuse ; certains médecins affirment même que les protéines de soja (avec lesquelles ont lieu la plupart des expériences et des études) et les isoflavones présentées sous forme de compléments alimentaires ne peuvent être comparées. En effet, les faibles taux de risque cardio-vasculaire trouvés dans les populations asiatiques peuvent être expliqués par une consommation de graisse fournie principalement par le soja – qui contient 90 % d'acides gras non saturés et pas de cholestérol. Dans ce cas, pouvons-nous espérer rejoindre les chiffres asiatiques en absorbant des compléments alimentaires à base d'isoflavones sans nous priver de beurre, ni de foie gras, ni de viandes grasses ? Il est probable que non. Les protéines de soja contenues dans le soja entier ont des propriétés « antimauvaise graisse » qui n'existent pas dans les extraits purs d'isoflavones. Des études font apparaître une évolution bénéfique des graisses sanguines chez les individus absorbant des protéines de soja mais nulle chez ceux qui n'absorbent que des isoflavones. Il s'agit d'études randomisées en double aveugle contre placebo : elles devraient emporter notre conviction puisque de méthodologie parfaite.

Mais à décharge et pour illustrer à quel point les choses sont encore difficiles à comprendre, je citerai la dernière étude en date, elle aussi randomisée contre placebo en double aveugle, celle du docteur J. R. Crouse, de la faculté de médecine Wake Forest à Winston-Salem, États-Unis. Lui et son équipe ont administré à 156 hommes et femmes, au hasard du tirage au sort, soit 25 g de placebo soit 25 g de protéines de soja contenant 3 ou 27 ou 37 ou 62 mg d'isoflavones. Le LDL (le mauvais cholestérol) s'est trouvé diminué chez ceux et celles qui avaient consommé les protéines de soja contenant au moins 27 mg d'isoflavones. Les deux groupes ayant reçu soit le placebo, soit les protéines de soja avec 3 mg seulement d'isoflavones ne présentaient aucune modification à la baisse de leur mauvais cholestérol. L'étude tend donc à montrer qu'il s'agit bien d'une action précise des isoflavones et non pas des protéines entières de soja.

Même remarque pour la réduction possible du risque de cancer du côlon : il s'agit peut-être d'un effet positif exercé par les *fibres* du soja et non pas par les isoflavones, voire d'une action conjuguée de ces fibres avec des isoflavones... À suivre !

Des compléments alimentaires qui n'en sont pas : la mélatonine et la DHEA

Par un tour de passe-passe invraisemblable, la mélatonine (hormone sécrétée par le cerveau) et la DHEA (hormone sécrétée par les glandes surrénales, ces glandes en forme de virgule présentes sur chacun de nos reins) ont été classées compléments alimentaires aux États-Unis. L'équivalent de notre ministère de la Santé, la FDA (Food and Drug Administration), n'a donc aucun droit de regard sur ces composés ; seul l'équivalent de notre DGCCRF peut contrôler que leur production respecte la législation en vigueur – celle de l'industrie agroalimentaire. Ces produits sont ainsi en vente totalement libre aux États-Unis, d'autant qu'aucune procédure d'AMM (autorisation de mise sur le marché) n'a jamais été entreprise. Et c'est ainsi que des millions d'individus s'autoadministrent des molécules hormonales n'existant pas dans la chaîne alimentaire (au contraire du soja) en dehors de toute surveillance médicale.

Certains médecins français affirment : « mélatonine – DHEA – isoflavones, même combat ! » La différence est pourtant grande : depuis des milliers d'années, des milliards d'individus consomment des produits alimentaires à base de soja en toute innocuité ; ceux et celles qui s'autoadministrent des hormones absentes de la chaîne alimentaire et mal connues sont les premiers à le faire. Bien sûr, il s'agit de concepts thérapeutiques probablement prometteurs pour lesquels on espère que les procédures d'AMM seront engagées. Alors pourra-t-on trouver ces hormones, non en parapharmacie et dans les supermarchés, mais dans les pharmacies, prescrites à bon escient par des médecins autorisés.

La querelle des OGM

OGM : organisme génétiquement modifié. Immédiatement, le sigle évoque la science-fiction et fait peur. Bien entendu, je n'entrerai pas ici dans le débat des manipulations génétiques humaines et autres clonages. Il s'agit de faire le point sur les modifications possibles du patrimoine génétique de certaines plantes incluses dans la chaîne alimentaire. Au départ, l'idée est de produire plus facilement, avec, en prime, moins de toxicité (due aux différents herbicides et autres pesticides). Les tomates seraient plus parfumées, plus juteuses, le maïs plus productif, les céréales moins coûteuses.

En France et en Europe, nous autorisons la culture de plusieurs variétés de maïs transgéniques, mais il est interdit de cultiver du soja transgénique ; la Commission européenne tolère une présence fortuite d'OGM dans les semences pour une proportion infime de 0,5 % – ce seuil de tolérance n'a pas encore d'existence juridique mais cela ne saurait tarder. Si sa culture est interdite, le soja transgénique est cependant autorisé à la consommation ! La seule contrainte de l'industrie agroalimentaire est de signaler sur les étiquettes les produits qui contiennent plus de 1 % d'OGM. Vous avez peut-être remarqué cette indication sur des aliments et des plats préparés avec, par exemple, de la lécithine de soja (un des constituants des protéines de soja).

Pourtant, selon un sondage IFOP-*Libération* publié début août 2000, 76 % des Français s'inquiètent de la présence d'OGM dans leurs aliments. Il me semble donc que le débat sur les OGM n'a pas encore été clairement énoncé aux Français.

La logique des progrès de la biotechnologie

La biotechnologie des plantes est une application pratique des progrès fulgurants de la génétique au cours des dernières années. Elle permet aux scientifiques de modifier les végétaux à volonté. Ainsi, les graines de soja rendues résistantes aux pesticides et aux maladies acquièrent-elles une valeur nutritionnelle plus importante.

Flash back : nous voici quelques milliers d'années avant Jésus-Christ : l'homme commence à planter et recueille ce que la bonne nature a bien voulu lui donner. Puis, bien vite, les paysans apprennent les secrets des végétaux qu'ils cultivent : ils savent comment sélectionner les meilleures graines pour que la moisson prochaine soit meilleure. Déjà, sans le savoir, ils opèrent alors une véritable sélection génétique des semences. Bien entendu, ils n'interviennent pas directement sur le patrimoine génétique des graines, mais ils le modifient de l'extérieur en éliminant celles qu'ils jugent peu efficaces. Et en croisant les meilleures semences avec d'autres meilleures semences, ils obtiennent des semences meilleures que les meilleures.

Puis, au XVIIIᵉ siècle, les scientifiques s'aperçurent que, dans la nature, il était fréquent que des plantes se croisent entre elles et produisent des hybrides. Dès le début du XXᵉ siècle, ils commencèrent délibérément à croiser des graines alimentaires de manière à obtenir de nouvelles espèces. Le fermier qui fait féconder ses vaches par le taureau primé suit la même démarche : il insère dans son cheptel l'ADN du taureau de telle manière que ses caractéristiques physiques et musculaires se trouvent reproduites à plusieurs exemplaires. Après 1930, l'utilisation des hybrides (résultat des croisements des meilleures semences entre elles) devient extrêmement populaire ; elle est à l'origine d'une amélioration incontestable de la qualité des récoltes.

C'est dans les années 60 que l'on commence à comprendre les implications possibles des modifications génétiques de l'ADN des plantes, faites pour obtenir à coup sûr les caractéristiques désirées : volume, couleur, saveur, possibilité de conservation à long terme, résistance aux insecticides, besoin minimum d'eau... Dès lors, de la même manière que l'on procède à l'élaboration de la carte génétique humaine, on essaie de comprendre et d'identifier les gènes des végétaux : quel est le gène qui donne la couleur rouge à la tomate ? Quel est celui qui « code » sa meilleure résistance à la sécheresse ? En même temps qu'on cartographie ces gènes, on apprend à les transférer d'une plante à l'autre.

Et c'est ainsi que la biotechnologie des plantes en est arrivée à acquérir le pouvoir de créer de nouvelles variétés aux caractéristiques plus favorables : ce sont des OGM, des organismes génétiquement modifiés.

OGM : le contre

Toucher au patrimoine génétique d'un être vivant, fût-il une plante, c'est en quelque sorte violer le sacré. L'argumentation ici est fort simple : il ne faut pas toucher à la combinaison de gènes responsables des caractéristiques biologiques d'un organisme vivant, parce que cet assemblage est le résultat d'une évolution de plusieurs millénaires. En quelque sorte, il n'y a aucun hasard dans l'assemblage de ces gènes : c'est l'adaptation constante

43

aux milieux environnants qui en a créé l'ordre. Déranger cet ordre peut avoir des conséquences imprévisibles, différentes de celles induites par l'évolution naturelle et les mutations nécessaires de la matière vivante.

Qui sait, se demandent avec angoisse les militants anti-OGM, si ces manipulations ne vont pas avoir des effets désastreux sur les plantes non modifiées : celles-ci peuvent être facilement contaminées sans que personne puisse faire de prévision à moyen ou à long terme. Ainsi le colza génétiquement modifié peut s'hybrider avec des plantes sauvages telles que la ravenelle. Et ce colza auquel on a ajouté artificiellement un gène qui le rend résistant aux herbicides peut alors transmettre sa nouvelle caractéristique à une plante sauvage qui devient alors elle-même résistante aux herbicides : problème !

Le soja, comme le maïs, ne peut absolument pas mélanger son patrimoine génétique avec celui d'autres plantes. Le soja, en effet, est autogame, c'est-à-dire qu'il se féconde lui-même et ne peut donc contaminer des végétaux sauvages. Ainsi, lorsque la firme multinationale américaine Monsanto commercialise le soja RRS (Round up Ready Soybeans) – un soja qui résiste à un herbicide appelé glyphosate – elle ne ferait courir aucun risque à l'environnement. Commercialisé aux États-Unis depuis 1996, ce RRS est vendu en Europe à la seule condition que sa présence (pour un taux de plus de 1 %) soit signalée en clair sur l'emballage.

Aucun risque pour l'environnement ? À voir ! s'écrient les militants anti-OGM (parmi lesquels on trouve quelques grandes personnalités scientifiques).

Risque pour l'environnement mais aussi risque pour l'espèce humaine, disent-ils. Qui peut prédire les conséquences de l'absorption de ces aliments génétiquement modifiés sur la santé des générations de consommateurs à venir ? En ces temps de vache folle – résultat malheureux d'une alimentation contre nature – on peut comprendre les angoisses qui étreignent les décideurs responsables de la santé publique. Et ce d'autant plus que l'éthique des recherches et des modifications génétiques n'est pas garantie : la firme Monsanto, pour ne citer qu'elle, subit des impératifs économiques en même temps que des impératifs d'innocuité. On préférerait que ces programmes de modifications génétiques touchant à la chaîne alimentaire soient dirigés par les États eux-mêmes, avec l'assurance que la santé publique soit l'objectif premier. Les résultats et les applications pratiques des expériences en cours auraient peut-être été comparables, mais peut-être aussi auraient-ils été différents...

La France importe environ trois millions de tonnes de semences de soja dont plus de 80 % proviennent... des États-Unis. Dans ce vaste pays, la culture du soja transgénique est une banalité ; comment être sûr de la pureté des semences importées sachant que la contamination peut se produire d'un champ de soja transgénique à un champ de soja non transgénique sous l'effet d'un vent même léger ? Qui garantit que les silos, les conteneurs, les camions, les cales des navires soient correctement nettoyés après avoir contenu du soja transgénique ? Personne, évidemment.

On cite souvent les États-Unis comme le modèle de la sécurité et du droit ; j'entends ici ou là certaines de mes patientes déplorer notre inertie et chanter le dynamisme américain. C'est pourtant aux États-Unis que l'on distribue *larga manu* mélatonine et autres DHEA, sans aucun contrôle médical et avant même que les habituelles études de toxicologie, de posologie, de tolérance n'aient été entreprises. C'est encore aux États-Unis que l'on autorise les fermiers à ajouter à l'alimentation de leurs cheptels certaines hormones synthétiques pour augmenter la production de viande, et c'est aussi dans ce grand pays que l'agriculture accepte comme une évidence les OGM.

L'Amérique est un pays de contrastes, d'autres l'ont dit avant moi. La logique du dollar est sans doute beaucoup plus puissante que celle de l'euro sur le Vieux Continent. Certes, les procès auront lieu et seront impitoyables si l'on décèle des conséquences négatives sur la santé attribuables à l'utilisation des OGM. Mais, en attendant cette éventuelle conséquence malheureuse, c'est la logique économique qui prime.

Enfin, une crainte légitime concerne le transfert de certaines allergies : en modifiant le patrimoine génétique des plantes, on peut, sans le vouloir, augmenter, potentialiser, démasquer des pouvoirs allergisants dans la mesure où l'on autorise un ou plusieurs gènes à s'exprimer. Il faut bien savoir que nous ignorons encore aujourd'hui la quasi-totalité des protéines allergisantes des végétaux que nous consommons. Un exemple : il y a quelques années, on a réussi à produire un soja très riche en méthionine, un acide aminé intéressant ; ce nouveau produit s'est révélé provoquer de très nombreuses réactions allergiques ; son exploitation a été arrêtée.

OGM : le pour

On ne le sait sans doute pas assez, mais la quantité de produits chimiques qui arrosent les cultures agricoles est considérable. Je ne ferai pas un cours d'agriculture mais il faut tout de même savoir que, lorsqu'un paysan dit qu'il traite ses champs, cela veut dire qu'il pulvérise des quantités d'insecticides, d'herbicides, et toutes sortes de produits chimiques dont la toxicité pour la santé humaine n'est pas – au contraire des OGM – hypothétique, mais malheureusement certaine.

J'ai évoqué les xénoestrogènes, ces hormones qui sont le résultat de la dégradation de produits chimiques utilisés entre autres dans le domaine agricole. Ces xénoestrogènes prennent la place des hormones naturelles dans leurs récepteurs tissulaires et sont, dès lors, capables d'affoler la cellule au point de la rendre cancéreuse !

Lorsque l'on rend un soja résistant aux herbicides par modification de son patrimoine génétique, on le rend totalement imperméable à ces produits chimiques. Par conséquent, lorsque vous mangez de ce soja, vous « mangez » moins d'herbicides qu'en mangeant du soja non modifié mais chimiquement traité.

Ainsi, la modification génétique des différentes plantes de notre chaîne alimentaire est-elle susceptible de diminuer de façon importante la quantité de produits chimiques potentiellement dangereux que nous ingérons. Lorsque tel ou tel fruit se garde sans conservateur parce qu'on a réussi à modifier son patrimoine génétique, c'est un peu de conservateur en moins que vous ingérez !

Les biotechnologistes sont en train de révolutionner les capacités de production agricole de la planète en élaborant des semences qui résistent aux stress naturels tels que la chaleur, le froid, la tempête, la peste et autres maladies. Il est indéniable qu'un champ qu'on arrose deux ou trois fois moins, voire plus du tout, de pesticides ou d'herbicides est profitable à l'environnement, en particulier aux nappes phréatiques. Le soja qui résiste aux glyphosates est un avantage dans la mesure où sa croissance est désormais possible avec un herbicide moins dangereux que les autres et surtout moins abondant.

La biotechnologie est aussi capable de magnifier certaines vertus alimentaires pour des avantages sanitaires immédiats. Par exemple : on sait aujourd'hui créer une nouvelle variété de soja qui produit une huile plus riche en acides oléiques, un acide gras particulièrement intelligent qui diminue le risque cardio-vasculaire.

Nous serons probablement quelque dix milliards d'êtres humains dans une trentaine d'années. Si nous continuons d'utiliser les vieilles méthodes d'agriculture, nous pouvons prédire une famine généralisée.

Modifier génétiquement les organismes n'est en fait qu'une des résultantes du progrès : « La nature de l'homme est de lutter contre la nature », s'exclamait il y a quelques années le professeur Albert Jacquard. À vrai dire, nous passons notre temps à lutter contre la nature : nous luttons contre le froid, nous cuisons nos aliments, nous absorbons des antibiotiques pour terrasser les bactéries, nous opérons pour réparer des coronaires, nous enlevons un appendice menaçant l'organisme de péritonite... Est-il plus belle manipulation génétique que la fécondation *in vitro*, qui permet la naissance de tant de milliers d'enfants ? Il est vrai qu'en ce cas le patrimoine génétique à proprement parler n'est pas touché, mais cela ne saurait tarder, dans la perspective d'éviter telle ou telle maladie gravissime.

« On n'a qu'à faire de la culture bio », disent certains militants. Certes, mais il faut être réaliste : quelle est la ménagère qui aura les moyens de payer son kilo de tomates deux fois plus cher ? Comment nourrir la planète avec la seule culture bio ? Aujourd'hui, ces produits respectueux de la santé des usagers ne sont qu'une utopie ; ils s'adressent en fait à des consommateurs fortunés.

Quant au problème des allergies, il n'est pas si préoccupant : lorsqu'un aliment est créé à partir de protéines provenant d'une plante dont on sait qu'elle peut produire des réactions allergiques, il est testé et, bien sûr, abandonné en cas de résultats défavorables. Autre danger relatif, celui de contaminer des plantes sauvages qui acquerraient, par exemple, les mêmes résistances aux herbicides. La plupart des plantes capables d'hybrider (c'est-à-dire de mélanger leur propre patrimoine génétique à celui d'autres plantes) des plantes sauvages ne peuvent toucher, en général, que des espèces extrêmement voisines.

Le fait d'avoir su créer un soja résistant à l'herbicide glyphosate est, me semble-t-il, un réel progrès. En effet, les agriculteurs peuvent désormais contrôler les mauvaises herbes avec un herbicide moins dangereux pour la santé, dont la quantité nécessaire ne représente que 30 % de celle habituellement utilisée avec d'autres herbicides. Cet herbicide est également favorable aux sols car il diminue le nombre des opérations nécessaires et donc le risque d'érosion. De surcroît, il est rapidement dégradé par les bactéries présentes dans la terre et n'est absolument pas toxique ni pour les humains ni pour les autres mammifères – les tests ont montré qu'il n'y avait pas eu transfert de gènes indésirables induisant une quelconque allergie à l'occasion de la création des plantes résistantes.

On peut même imaginer – ce sera bientôt une réalité – de créer du soja consommable même par les individus extrêmement allergiques : il suffira, une fois que les allergènes du soja naturel auront été repérés, de les éliminer.

Les chercheurs étudient actuellement comment améliorer la teneur en acides aminés (qui sont les unités de base des protéines du soja), en acides gras ou encore en phytoestrogènes (isoflavones) de telle manière que le soja modifié soit encore plus bénéfique pour la santé.

La médecine, en fait, est à l'aube d'une mutation extraordinaire. Bientôt, dans quelques dizaines d'années seulement, nous serons capables de proposer les premières « thérapies géniques » : au lieu d'utiliser des médicaments tels que les anticancéreux, les cocktails de chimiothérapie toxiques mais pas toujours efficaces, nous enverrons dans le patrimoine génétique de nouveaux gènes qui auront pour mission de défendre les cellules et de les remettre dans le droit chemin.

Autre exemple : les maladies génétiques telles que la mucoviscidose, résultat d'une anomalie génétique qu'il sera bientôt très rapidement possible de réparer... On peut aussi imaginer que, en modifiant notre patrimoine génétique, nous puissions acquérir une résistance définitive à l'infection, et même au vieillissement ! En effet, lorsque les gènes de la longévité auront été identifiés, que l'on saura comment les potentialiser et les installer, il n'est pas impossible que nous puissions alors délibérément dépasser notre capital de vie ordinaire.

La tête vous tourne ? C'est cela le progrès ! Une évolution irrésistible qui, jusqu'à ce jour, a eu pour résultat global une amélioration de la qualité de vie des habitants de la Terre. Bien sûr, ces avancées créeront de nouveaux risques, auront des inconvénients qu'il conviendra alors de repérer, de pallier.

4

Voyage dans une cellule

Au début, nous ne sommes rien. Un simple devenir, une possibilité de vie, la conséquence d'une rencontre de hasard entre un ovule féminin et un spermatozoïde masculin. Puis, alors que l'étreinte amoureuse vient de se terminer, la fécondation se déroule dans l'extrémité d'une des trompes maternelles. Les deux cellules unissent alors leur noyau et donnent naissance à la première cellule de l'embryon.

Retour sur la fécondation : chacune des cellules maternelles et paternelles contient 23 chromosomes, dont un chromosome X ou Y. La première cellule de l'être humain est faite de 46 chromosomes – dont une paire XX si c'est une fille, XY si c'est un garçon. Peu à peu, au cours de la grossesse, des millions de cellules vont se spécialiser, les unes pour former les cellules du foie, les autres les poumons, le cœur, le cerveau, le système nerveux, la peau, le sang... Toutes sont différentes mais elles ont un point commun, une marque de fabrique unique entre toutes, un même code secret, original et immuable : 23 paires de chromosomes.

Parlons un peu de ces fameux chromosomes. Ils sont, en quelque sorte, le « trésor de guerre » de nos cellules, la matrice originale, le support de toutes les informations nécessaires à notre vie. Chaque chromosome ressemble à un long ruban double. Il est fait de ce que l'on appelle l'ADN – acide désoxyribonucléique. Passons ce ruban d'ADN sous un plus fort grossissement : on distingue maintenant des centaines de milliers de composants, une immense mosaïque qui semble infinie. Ce sont les acides nucléiques, des molécules chimiques qui, en se mélangeant selon un ordre précis, constituent le tissu primaire de l'ADN. Il n'y a que quatre acides nucléiques ! Ce sont les quatre lettres de l'alphabet chromosomique, qui vont se combiner tant et si bien qu'elles seraient capables – à elles seules – d'écrire plusieurs volumes d'un dictionnaire dans sa langue. Si nous pouvions le déplier, le ruban d'ADN mesurerait plusieurs dizaines de centimètres... Il n'y a pas tant de place, bien entendu, à l'intérieur du noyau de la cellule. Il doit donc se recroqueviller en de nombreuses circonvolutions dont la densité formera le chromosome qui, lui, *in fine*, ne mesurera que quelques millièmes de millimètres.

En bref, nos chromosomes sont donc de petits bâtonnets d'ADN très concentrés, situés dans chacun des noyaux de nos milliards de cellules. Ils constituent ce que nous appelons notre patrimoine génétique. Chaque chromosome constitue ses propres unités d'acides nucléiques spécialisés (une unité d'acide nucléique pour la couleur des yeux) : nous appelons gènes ces unités spécialisées.

L'ensemble des gènes de nos chromosomes se nomme le génome. Nous savons maintenant que notre génome comporte environ trente mille gènes !

Des gènes, pour quoi faire ?

Nos 46 chromosomes, bien pelotonnés en quelques millièmes de millimètres dans chacun des noyaux de nos cellules, portent sur leur long ruban des milliers d'informations sous la forme d'acide nucléique. Quatre acides nucléiques de base donnent naissance à des milliers de combinaisons. Ces informations se regroupent en sous-unités, les gènes. Chaque gène a une ou plusieurs missions précises originales. Tel gène ou tel groupe de gènes est ainsi le garant de la pérennité de l'être au sein duquel il est situé. Le gène fait que la cellule accomplit inlassablement, tout au long de la vie, telle ou telle mission, telle ou telle transformation chimique. Ainsi tel gène code la couleur de la peau ; tel autre la fabrication de l'hormone insuline par les cellules du pancréas ; tel autre la taille – petite, moyenne ou grande ; tel autre le caractère velu ou, au contraire, glabre ; tel autre, encore à découvrir, notre horloge de vie personnelle – il existe certainement, en effet, des gènes responsables de la longévité. Ainsi, on comprend que chacune des cellules composant notre organisme a une mission claire et définie à effectuer. Tout ce travail s'effectue selon un code immuablement transmis au moment magique de la fécondation, quelques minutes, quelques heures après l'étreinte amoureuse.

Comment nos cellules se reproduisent

Chacune des cellules de notre organisme a la mission d'assurer le maintien de la vie seconde après seconde. Pour cela, elles se reproduisent, c'est-à-dire qu'elles donnent naissance à des cellules filles qui vont les remplacer – une sorte d'autorégénération. Seuls les cellules nerveuses et les ovules de la femme ne se reproduisent pas.

Le système est ingénieux : dès lors qu'une cellule est fatiguée, en fin de course, elle passe le relais à d'autres cellules de sa cellule puis, satisfaite du travail accompli, elle peut mourir. La relève est assurée. Le corps, lui, ne meurt pas : constamment outillé de nouvelles cellules, il peut continuer son chemin au travers des années.

Lorsque les cellules se reproduisent – quelle que soit leur origine – il s'agit pour elles de donner naissance à des cellules filles dont le noyau, c'est-à-dire l'ADN, sera une parfaite copie de leur propre noyau. Et il faut que la copie soit parfaite ! Il n'est pas question ici d'à peu près ; c'est la pérennité de notre être original, tant physique qu'intellectuel, qui est en cause. Si les cellules se trompaient, si elles « recopiaient mal » l'ADN, ce serait le grand désordre, la fin de notre savante organisation de vie.

Le travail est titanesque : chaque division cellulaire comporte environ cinq à sept milliards de caractères à recopier. Il ne faut surtout pas se tromper ! La vie c'est cela : l'extravagante duplication au fil du temps de ces 46 chromosomes porteurs de quelque trente mille gènes ! Attention aux erreurs ! Toute distraction peut être fatale à la cellule, fatale à l'individu dont elle est l'unité de vie. Imaginez qu'une erreur se glisse dans cette duplication : elle serait comparable à la photocopie d'un texte faite avec une machine quelque peu détériorée : une partie du texte apparaît de plus en plus pâle de copie en copie. Vers la cinquantième ou centième photocopie, impossible de plus rien lire. Il en est ainsi de la duplication de l'ADN de nos cellules.

Fort heureusement, nous disposons de nombreux « vérificateurs » cellulaires qui rattrapent les erreurs, recollent les bouts d'ADN fissurés, endommagés, rouillés, agressés... Ce sont les garants de la conservation de l'exact patrimoine chromosomique. Ces vérificateurs-contrôleurs sont en général des enzymes qui, tels des aigles ailés, se ruent sur toute erreur constatée pour la réparer. Plus la cellule est jeune et plus ces systèmes de réparation sont actifs et efficaces. On a même trouvé une relation évidente entre la longévité d'une espèce animale et sa capacité de réparer son ADN !

Évidemment, si efficaces soient-ils, ces systèmes de réparation de l'ADN laissent de temps en temps passer une erreur. Celle-ci peut être nuisible à l'individu, à l'espèce ou, au contraire, fort bénéfique. C'est ce que l'on appelle les mutations. Ces mutations permettent à l'espèce de s'adapter au milieu ambiant, de mieux adhérer aux conditions de vie qui lui sont faites. Mais lorsque l'erreur est individuelle et qu'elle induit une perte de contrôle de la division cellulaire, cela peut tout simplement aboutir à un cancer.

Tout au long de la vie cellulaire, au cours de l'effort de recopiage intégral de l'identité spécifique de notre patrimoine chromosomique, un certain nombre d'erreurs s'accumulent qui ont échappé aux ailes des « vérificateurs ». Progressivement, ces erreurs deviennent prépondérantes, menacent l'intégrité de la cellule, puis finissent par lui imposer la mort.

Les « réparateurs d'ADN », véritables Zorro de nos cellules, sont sous l'influence de gènes situés eux-mêmes sur les chromosomes du noyau. Toute découverte qui favoriserait l'efficacité des vérificateurs permettrait donc d'accroître de façon significative la genèse des cellules, de leur éviter des erreurs fatales.

La cellule « antiterroriste » de notre organisme

Notre sang contient des « policiers » très actifs. Le rôle de cette police est de détecter tout intrus qui se serait subrepticement introduit dans notre organisme et de le détruire sans pitié. Ces intrus sont les virus, les bactéries, mais aussi toutes sortes de corps étrangers, tels une écharde plantée dans le pied, une compresse oubliée par un chirurgien, un rein greffé mal apparié à votre système immunitaire, un colorant sur votre T-shirt, etc. Ces policiers sont les lymphocytes TB. Nous avons aussi ce que nous appelons les *Natural Killers* – les NK – des « tueurs naturels ».

Une des glandes fondamentales pour notre immunité est le thymus. Elle est située dans le cou et dans le haut de la poitrine chez l'enfant, et régresse à l'adolescence. Cette régression serait à l'origine de la diminution de nos défenses immunitaires et des erreurs du système que l'on constate de plus en plus nombreuses, année après année.

Notre système immunitaire devient, en effet, de moins en moins compétent au fil de la vie. Son affaiblissement a de graves conséquences puisque nous sommes de moins en moins capables de lutter contre les agressions infectieuses et, surtout, contre les cellules monstrueuses du cancer, moins systématiquement « tuées » par nos gardiens. Le phénomène est l'explication majeure de notre vieillissement.

Notre système immunitaire ne se contente pas d'oublier de plus en souvent de nous débarrasser des intrus. Il va jusqu'à développer progressivement des anticorps qui agissent contre notre propre corps – ce qu'on appelle des autoanticorps. Comble de l'aberration ! Les policiers se retournent contre l'État qu'ils étaient censés servir. Dès lors, les dégâts deviennent importants et le vieillissement cellulaire est accéléré.

L'organisation générale de notre système immunitaire est dévolue à un « ministère de l'Intérieur », dont le siège est localisé sur des gènes groupés sur un seul chromosome – le GCH, grand complexe d'histocompatibilité. Sa découverte valut, en 1980, le prix Nobel de médecine et physiologie au professeur Jean Dausset, en compagnie de deux Américains.

Lorsque nous saurons contrôler de façon étroite ce GCH, une voie intéressante de lutte contre le vieillissement sera ouverte ; il pourrait être possible d'empêcher les gènes concernés d'autoriser le laxisme et une telle correction de ces troupes lymphocytaires.

Attention aux radicaux libres !

On vous en rebat les oreilles ! Même si vous ignorez de quoi il s'agit précisément, vous avez saisi que ces radicaux libres sont indésirables à qui veut rester jeune. C'est le docteur Denham Harman, du Nebraska qui, le premier, en 1978, s'exprima sur le sujet.

Les radicaux libres, c'est en quelque sorte la rouille de nos cellules. Expliquons : nos cellules carburent à l'oxygène ; c'est notre essence, une de nos sources d'énergie fondamentales. Mais, tout comme notre pot d'échappement rejette de la fumée après l'utilisation par le moteur de la quintessence énergétique de son essence, nous créons nos propres déchets cellulaires ; ce sont les fameux radicaux libres. Ces molécules furent longtemps ignorées parce qu'elles ne vivent qu'un millième de seconde. Ce sont des atomes, voire des fragments d'atomes, extraordinairement toxiques pour les cellules. Ils ne possèdent qu'un seul électron alors que toute molécule stable en comporte deux ; la situation est, pour eux, inacceptable, et c'est pourquoi ils n'auront donc de cesse d'arracher un électron à une autre molécule. Les radicaux libres s'attaquent aux structures stables qui comportent elles-mêmes deux radicaux libres et les transforment instantanément elles-mêmes en nouveaux... radicaux libres. Et la réaction se fait à une vitesse extraordinaire : les radicaux libres provoquent des dégâts à l'intérieur des cellules comparables à ceux d'une boule de foudre à l'intérieur de la maison ! Un carnage. L'hypothèse de l'existence de ces véritables orages moléculaires est la théorie la plus moderne pour expliquer le vieillissement de nos cellules ; chacune de celles-ci dont un électron aura été ravi par un radical libre est endommagée ou détruite.

Le meilleur festin des radicaux libres, ce sont les membranes des cellules (leur enveloppe extérieure) ainsi que les membranes du noyau : le trésor génétique, le patrimoine chromosomique, est alors gravement endommagé. D'autre part, il peut s'attaquer aux lysosomes − ce sont des sortes de petits sacs hermétiques qui, à l'intérieur de la cellule, en contiennent les substances de dégradation. Les radicaux libres, en portant atteinte aux membranes des lysosomes, peuvent libérer dans la cellule ces substances toxiques.

Ces molécules voraces que sont les radicaux libres n'agressent pas seulement les membranes cellulaires : elles s'attaquent en fait à tout ce qui est vivant dans l'organisme. Heureusement, nos cellules disposent d'armes parfaitement efficaces contre ces prédateurs qui viennent les saccager sauvagement. Ce sont en quelque sorte les éboueurs des cellules : ils viennent les débarrasser des déchets produits par la consommation d'oxygène. Ces substances sont des enzymes, dont la principale est la Super Oxyde Dismutase (DSOD).

Certains produits comme la vitamine C, la vitamine E, le sélénium, les phytoestrogènes, l'hydroxytoluène-BHT − qui est un additif alimentaire − ... peuvent avoir une action anti-radicaux libres.

À noter : le passage des radicaux libres au sein des cellules et des organes laisse une trace visible sous la forme d'un pigment jaune fluorescent, la lipofuscine. C'est un pigment relativement familier aux ophtalmologues, qui peuvent en déceler des dépôts dans les yeux, et aux dermatologues, qui trouvent des traces pigmentées jaunes sur la peau des personnes âgées. Cette lipofuscine est la rouille des cellules vivantes. On a longtemps cru qu'elle était responsable en elle-même du vieillissement cellulaire, mais sa disparition sous traitement n'a jamais réussi à modifier la durée de vie des cellules ainsi traitées.

Augmenter le nombre des piégeurs de radicaux libres est un des plus grands espoirs de la lutte contre le vieillissement et le cancer. Toutefois, la chose n'est pas aisée, nous le verrons. Les résultats des traitements par antioxydants phytoestrogènes ou vitamine E ou C ne semblent pas aujourd'hui produire des effets révolutionnaires.

Les agresseurs qui viennent de l'extérieur

Les mécanismes de dégradation des cellules trouvent donc souvent leur origine à l'intérieur même de la citadelle, c'est-à-dire du noyau de la cellule – erreur de recopiage du trésor ADN par distraction croissante des vérificateurs, attaque sournoise, brutale et dévastatrice des radicaux libres profitant d'une faiblesse des « éboueurs cellulaires », laxisme des systèmes de défense immunitaire, voire folie autodestructrice du système, en sont les principaux rouages.

La cellule et son patrimoine génétique peuvent être également lésés par des substances extérieures. Ainsi la chute brutale ou la simple diminu-

61

tion des différentes hormones peuvent en bouleverser le fonctionnement. Prenons l'exemple du manque d'estrogènes qui, à la ménopause, stimule les cellules destructrices de l'os, les « ostéoclastes », tandis qu'il déprime les cellules constructrices d'os, les « ostéoblastes »... Ou bien celui de l'arrêt prématuré de la croissance des cellules pendant l'enfance, en cas de carence de l'hormone de croissance – c'est le nanisme hypophysaire... Ou bien celui d'un excès d'hormones mâles chez la femme, qui verra alors sa peau se couvrir de boutons d'acné et de poils, et ses cheveux tomber.

Les virus

Ces microparticules vivantes savent, avec beaucoup de perspicacité, s'introduire dans le noyau cellulaire pour y mélanger leur propre patrimoine génétique avec celui de la cellule. Dès lors, c'est le branle-bas de combat à l'intérieur du noyau de celle-ci – tout se dérègle. L'ordre établi est remis en cause, les divisions cellulaires sont gênées, modifiées, bref rien ne va plus ! Heureusement, notre système immunitaire policier veille et, dans les conditions optimales, quelques heures, quelques jours, quelques semaines suffiront à chasser les intrus. Sans lui, les hépatites virales, les rhumes et autres grippes saisonnières entraîneraient vraisemblablement la mort. C'est malheureusement le cas dans les maladies à grandes dépressions immunitaires telles que le sida, ou dans certains traitements anticancéreux qui dépriment le système immunitaire.

Les agents extérieurs non infectieux

Ils sont légion. Pour ne citer que les principaux poisons de la cellule, évoquons en vrac le tabac, l'alcool, la surnutrition, le soleil intensif, la pollution atmosphérique, les radiations atomiques, les gaz de combustion automobile, les fumées industrielles... Chacun de ces toxiques peut endommager gravement le noyau des cellules qui lui sont exposées. C'est alors comme si on avait rayé le disque : la cellule se met à « dérailler », elle devient folle. Au mieux, elle meurt, remplacée par d'autres cellules filles en pleine forme. Au pire, elle se cancérise : elle continue à vivre sans plus respecter aucune des règles établies, fait des rêves de grandeur et d'hégémonie, finit souvent par tuer l'organisme dont elle est issue.

Évidemment, ici, tout se tient : le cancer provoqué par une dose de rayonnement radioactif trop importante ou la mort par faillite totale des cellules hépatiques contaminées par le virus de l'hépatite B ne seraient peut-être pas survenus si les gènes vérificateurs avaient été suffisamment puissants pour affronter la situation, si les laveurs de radicaux libres avaient été assez nombreux, si les gènes codants pour les cellules immunitaires de défense avaient été compétents, si l'événement n'avait pas coïncidé avec un déséquilibre hormonal majeur, si... si... etc.

Un ennemi de plus en plus agressif : les xénoestrogènes

Les xénoestrogènes sont des substances nouvelles qui agissent plus ou moins comme des estrogènes et que l'on trouve dans l'environnement. On compte plusieurs centaines de molécules xénoestrogènes. Les matières plastiques, certains herbicides, certains insecticides, certains pesticides, le DDT et ses dérivés, certains composants d'un ancien isolant électrique... sont parmi les coupables. Encore insoupçonnés il y a quelques années, ces xénoestrogènes sont aujourd'hui très fortement suspectés d'être responsables de l'augmentation des cancers humains (cancer du sein, de l'utérus, du côlon, de la prostate...).

Ces molécules étrangères, qui agissent comme les estrogènes sans en être, ont la capacité d'agresser le noyau des cellules (l'ADN) et d'en modifier les gènes.

Les xénoestrogènes sont donc, en fait, un véritable poison de nos cellules. Ils provoquent un stress qui peut, à long terme, aboutir à une transformation cancéreuse, dans la mesure où ils gênent ou bloquent les systèmes de vérification cellulaire, où ils empêchent les cellules de mourir et de se reproduire : une cellule vieille qui ne veut pas mourir est de plus en plus vulnérable à la transformation cancéreuse.

Les xénoestrogènes sont la rançon de l'ère industrielle. Ils pénètrent à l'intérieur de nos organismes aussi bien par voie digestive que cutanée ou respiratoire.

Un exemple parmi d'autres : il existe un plastique qui produit une substance dénommée le bisphénol-A, un véritable xénoestrogène comme en témoigne le phénomène qui frappe certains hommes travaillant dans des usines de matières plastiques : leurs seins poussent – les xénoestrogènes bisphénol-A les ont contaminés.

Le nonylphénol est un xénoestrogène contenu dans de nombreux tuyaux souples. C'est un agent particulièrement actif, stimulant des cellules mammaires cancéreuses.

Par opposition aux phytoestrogènes, les xénoestrogènes ont donc une action défavorable sur le patrimoine génétique de nos cellules. N'oublions pas que les phytoestrogènes sont des molécules naturelles qui ont fait leur apparition sur la planète il y a plusieurs centaines de millions d'années – elles ont pris leur place tout naturellement dans le système écologique d'interaction des êtres vivants avec leur environnement. Au contraire, les xénoestrogènes sont des substances d'apparition très récente. Ils font partie des coupables potentiels de l'augmentation régulière du nombre de cancers coïncidant avec l'augmentation de l'industrialisation de nos sociétés.

Les phytoestrogènes s'inscrivent, eux, au contraire, comme des molécules, certes étrangères au corps (comme le sont les xénoestrogènes) mais qui ont une action favorable sur les noyaux des cellules et sur l'ADN, en termes de duplication, de vérification, de diminution d'erreurs fatales.

5

La périménopause
et les phytoestrogènes

La périménopause dure de quatre à cinq ans. L'âge moyen des premiers symptômes de la périménopause est quarante-cinq ans. Il n'est pas rare cependant de rencontrer des femmes qui ne commencent leur périménopause que vers quarante-huit ou cinquante ans, voire plus.

La périménopause (anciennement préménopause) est cette période de la vie des femmes intercalée entre les années de fonctionnement hormonal ovarien standard (de la puberté au début de la périménopause) et la ménopause proprement dite. Vous êtes souvent surprise lorsqu'on vous annonce l'existence de cette période ; vous pensiez que les premières bouffées de chaleur, les premiers arrêts de règles annonçaient la ménopause ! En réalité, les ovaires, tels des artistes qui n'en finiraient plus de faire leurs adieux au public, hésitent longuement avant de fermer définitivement boutique.

D'après mon expérience, très rares sont les femmes passées immédiatement en ménopause sans vivre de périménopause.

Les symptômes

La périménopause est extraordinairement riche en symptômes. Impossible, donc, de la méconnaître. Auprès de celles d'entre vous qui s'interrogent parfois sur la signification de telle fatigue, de telle insomnie, je ferai souvent un diagnostic de périménopause. L'irrégularité des règles : les cycles sont soit trop courts (de quinze à vingt jours), soit trop longs (un mois et demi, deux mois, voire trois mois). Souvent cycles courts et cycles longs se succèdent. C'est la permanence de ces troubles (un cycle perturbé isolé ne suffit pas) qui évoque la périménopause.

Ces irrégularités menstruelles sont l'expression du déséquilibre hormonal créé par les hésitations des ovaires, traduites par l'utérus dans son langage spécifique : les règles (ou saignements) expriment la réponse de l'utérus aux hormones sexuelles. Si celles-ci sont erronées, l'utérus, récepteur fidèle, traduira ces anomalies en saignements :

— les seins, autres récepteurs hormonaux, traduisent eux aussi en leur langage les irrégularités hormonales : soit ils sont durs, sensibles, parfois aussi volumineux que ceux d'une femme enceinte, soit ils sont, au contraire, mous, sans vie, comme vides ;

— le reste du corps peut aussi présenter des symptômes caractéristiques : gonflements, rétention d'eau, prise de poids ;

— au fur et à mesure que la femme avance dans la périménopause, des symptômes caractéristiques de « pas assez d'estrogènes » apparaissent : bouffées de chaleur, suées, fatigue, insomnies, migraines, douleurs articulaires, baisses de forme morale et physique...

Ces symptômes se succèdent à un rythme plus ou moins rapide. Certaines femmes connaissent des périménopauses extrêmement calmes et sereines. D'autres, au contraire, vivent très mal ces tumultes hormonaux.

Décoder les symptômes de la périménopause

Décrits en vrac, ces symptômes semblent incompréhensibles. C'est comme si vous viviez une tempête à bord d'une frêle embarcation : les coups de vent succèdent au calme plat sans que vous en perceviez la logique. Pourtant, cette logique existe : c'est celle de vos hormones.

Ainsi, lorsque vous êtes « gonflée », que vos seins sont douloureux, que vous avez l'impression que vous allez avoir vos règles mais qu'elles n'arrivent pas, c'est que vos ovaires ont oublié de fabriquer la progestérone, et qu'ils fabriquent trop d'estrogènes. Dans cette situation, vous ne ressentez généralement aucun des symptômes de l'insuffisance d'estrogènes (bouffées de chaleur, suées, insomnies...). Les règles plus ou moins tardives sont toujours l'épilogue de cette période de gonflement. À l'inverse, il vous arrive, alors que vos règles sont absentes depuis plusieurs semaines, de connaître des bouffées de chaleur, des suées, des insomnies, bref un ou plusieurs des symptômes de l'insuffisance estrogénique. Cette situation peut durer plusieurs semaines, voire plusieurs mois. Elle fait souvent – malheureusement – diagnostiquer à tort une ménopause. Sans traitement, une évolution de quelques semaines ou de quelques mois conduit à la disparition des symptômes de l'insuffisance estrogénique : soudain, vous n'avez plus chaud, vous dormez mieux, vous vous sentez mieux, vos seins se tendent et, dans les jours ou semaines qui suivent ce renouveau, vous avez... vos règles !

L'évolution de la périménopause

La périménopause ne présente, en fait, aucun déroulement logique ! Si ce n'est que les épisodes d'insuffisance estrogénique vont devenir de plus en plus longs, de plus en plus fréquents au fur et à mesure que la ménopause approche (de la quatrième à la cinquième année de la périménopause). À l'inverse, vous connaîtrez d'autant plus de périodes « trop d'estrogènes » que vous êtes dans les premières années de la périménopause.

Le diagnostic de la périménopause

Il est en général particulièrement facile dans la mesure où un ou plusieurs des symptômes décrits plus haut sont présents. Les dosages hormonaux que vous réclamez si souvent ne sont le plus souvent d'aucune utilité. Ils montreraient, dans les périodes « trop d'estrogènes », des chiffres normaux alors qu'en période « pas assez d'estrogènes » ils simuleraient parfaitement une ménopause confirmée. Il s'agit, en l'occurrence, des dosages de E^2 (estradiol) et FSH. La FSH est au-dessus des normes du laboratoire lorsque les ovaires fabriquent peu ou pas d'estrogènes (E^2). Mais elle redevient normale lorsque les ovaires fabriquent à nouveau ces fameuses hormones estrogènes. On comprend à quel point ce dosage peut être trompeur puisque, s'il est capable, le jour du prélèvement, de donner l'état de la situation, il est incapable de prédire la suite : cet arrêt de fabrication des estrogènes est-il définitif (ménopause) ou temporaire (périménopause) ?

Fibrome(s) de l'utérus et périménopause

Certaines femmes porteuses de fibromes de l'utérus jusqu'ici silencieux commenceront de connaître les mini- ou maxi-hémorragies qui les avaient jusque-là épargnées grâce à un fonctionnement ovarien exemplaire. Dans le même ordre d'esprit, certaines utilisatrices de stérilet, jusqu'alors ravies de ce moyen de contraception, vivront des symptômes d'intolérance – hémorragies principalement – et devront être contraintes de faire retirer leur dispositif intra-utérin.

Ce qu'il faut comprendre : dès que la fonction ovarienne se dérègle, ces anomalies utérines souvent peu préoccupantes et silencieuses vont être démasquées par ces mini- ou graves hémorragies. Jusqu'à ces dernières années, la réponse médicale à ces symptômes était volontiers chirurgicale : nombre d'hystérectomies (ablation de l'utérus et même des ovaires) ont été, sont encore parfois, motivées par ces troubles menstruels.

Les signes de « trop » et de « pas assez » d'estrogènes

Les signes de « trop » :
— Seins douloureux et gonflés.
— Prise de poids.
— Gonflements, œdèmes, rétention d'eau.
— Dégradation d'une situation veineuse auparavant déjà aléatoire.
— Règles présentes, voire hémorragiques.
— Présence insolite et importante d'une glaire cervicale (comme du « blanc d'œuf »).
— Appétit augmenté.
— Aucun des symptômes de « pas assez » d'estrogènes.

Les signes de « pas assez » :
— Bouffées de chaleur et/ou suées.
— Douleurs articulaires.
— Fatigue, manque de motivation, déprime.
— Seins « vides », mous, souvent diminués de volume.
— Insomnies, migraines.
— Désintérêt sexuel, voire sécheresse vaginale.
— Peau sèche.
— Prise de poids.

Les traitements hormonaux classiques de la périménopause

Habituellement, avant le début de la périménopause, les ovaires fabriquent de façon immuable deux hormones : les estrogènes et la progestérone.

Les estrogènes sont émis du début des règles jusqu'au début des règles suivantes, avec des variations selon les moments du cycle (par exemple, ils augmentent fortement pendant les quelques heures qui précèdent l'ovulation).

La progestérone, elle, n'est fabriquée que de l'ovulation (c'est-à-dire du quatorzième jour d'un cycle théorique de vingt-huit jours) jusqu'au premier jour des règles suivantes. Sans ovulation, il ne peut y avoir de progestérone. Mais les règles peuvent être présentes avec ou sans ovulation (donc avec ou sans progestérone).

Le bien-être du corps est assuré par une subtile balance entre ces deux hormones : les estrogènes ont tendance à « faire gonfler », tandis que la progestérone, plutôt antiestrogène, en limite du mieux possible les éventuels débordements.

En périménopause :

— la progestérone est de moins en moins souvent fabriquée : les ovulations sont de plus en plus rares ;

— les estrogènes connaissent des pics ou encore des creux de fabrication. Les pics correspondent aux périodes de gonflements tandis que les creux correspondent à celles des bouffées de chaleur et autres suées.

Au fur et à mesure que l'on avance dans la périménopause, les périodes de creux estrogéniques seront de plus en plus fréquentes et durables tandis que la production progestéronique aura bientôt totalement disparu.

Les traitements disponibles

À vrai dire, l'utilité de leur mise en œuvre dépend de la symptomatologie. L'abstention thérapeutique, « ne rien faire », est une solution intelligente lorsque les symptômes sont si discrets que vouloir les corriger participe d'une attitude perfectionniste qui n'est pas forcément la meilleure en médecine.

La prescription de progestérone (sous la forme de comprimés) reste la réponse de base : ces hormones, prescrites dix jours par mois, viennent compléter l'absence de production de progestérone par les ovaires et restituent un équilibre hormonal plus ou moins perdu. En France, nous disposons de nombreuses spécialités qui rivalisent de qualité. Le gynécologue prescrit en général ces comprimés du seizième au vingt-cinquième jour du cycle. Dans la mesure où la sécrétion d'origine ovarienne est conservée, l'équilibre est, le plus souvent, retrouvé. Les règles reviennent, les seins se dégonflent, l'irritabilité éventuelle qui accompagnait les autres symptômes disparaît elle aussi. Nous disposons même de « vraie progestérone » : il s'agit de la molécule exacte (et non une copie plus ou moins parfaite) de l'hormone produite par les ovaires. Il s'agit de l'Utrogestan®.

Les estrogènes peuvent être prescrits, eux, sous de nombreuses formes : comprimés, patchs (timbres cutanés), gels cutanés (à étaler sur la peau), et tout dernièrement sous forme de pulvérisations nasales. Il s'agit, dans l'immense majorité des cas, de la même hormone : le 17 bêta estradiol. Certains comprimés proposent – comme aux États-Unis – des hormones extraites d'urine de juments enceintes.

Les estrogènes doivent être prescrits au moment de la survenue des symptômes d'insuffisance estrogénique (bouffées de chaleur nocturnes, absence de règles...). Mais ils doivent être interrompus si la sécrétion estrogénique ovarienne réapparaît. Sous l'effet du traitement estrogénique les symptômes disparaissent rapidement (en l'espace de quelques jours) tout comme ils l'auraient fait si l'on s'était astreint à attendre le retour de fabrication par les ovaires eux-mêmes.

Tout l'art du médecin prescripteur est ici de savoir donner, puis de savoir arrêter les médicaments estrogènes pour ne pas aboutir à une situation de surdosage hormonal estrogénique : les ovaires fonctionneraient tandis que le traitement médicamenteux estrogénique serait continué.

Mais parfois, les séquences de « trop » et de « pas assez » d'estrogènes se succèdent à un tel rythme qu'il apparaît totalement illusoire de vouloir compenser les aléas hormonaux : les tergiversations ovariennes sont tellement anarchiques et rapides que le traitement risque de s'inscrire à contresens des besoins. C'est dans ces cas que le prescripteur peut vous proposer l'utilisation d'une pilule contraceptive minidosée. Cette attitude n'est envisageable bien entendu que si vous n'y présentez aucune contre-indication : pas d'hypertension artérielle, pas de diabète, pas d'obésité, pas trop de cholestérol ni de triglycérides, pas de tabagisme, bien sûr, et absence d'une quelconque intolérance aux mêmes pilules minidosées dans votre passé. Ce choix permet souvent de surmonter les orages de la périménopause dans un fauteuil première classe. En effet, les ovaires sont alors bloqués par la pilule (c'est son rôle, et c'est pour cela qu'elle est contraceptive), qui administre au corps les hormones estrogènes et progestérone dont il a besoin.

Il existe d'autres procédés tels que la prescription d'hormones progestatives (hormones proches de la progestérone) qui, prises vingt et un jours sur vingt-huit, accompagnées ou non d'un complément d'estrogènes, permettent de parvenir à la ménopause sans vivre d'événements hormonaux trop brutaux.

Traitements hormonaux : celles qui n'en veulent pas et celles qui ne peuvent pas

Les hormones sont plus ou moins bien vécues selon les femmes. Certaines en attendent des miracles et pensent avoir trouvé la clé universelle à leurs problèmes de santé. Bien sûr, dans ce cas, elles seront déçues à plus ou moins long terme, même si les traitements hormonaux de la périménopause sont, à mon sens, extraordinairement bénéfiques (à condition d'être prescrits à bon escient et avec savoir-faire). D'autres, au contraire, soupçonnent les hormones de leur faire prendre du poids, voire de provoquer un certain nombre de cancers, surtout celui du sein.

Celles qui n'en veulent pas

Différentes enquêtes nous apprennent que près d'une femme sur deux, entre quarante-cinq et soixante ans, ne suit pas de traitement hormonal de la périménopause ou de la ménopause : le nombre d'adeptes du « naturel » reste donc encore important.

Loin de moi l'idée de les considérer comme des femmes d'un autre temps. Chacune a sa culture, ses croyances ; il convient de les respecter. La périménopause et la ménopause ne sont pas des maladies, mais des états de santé plus ou moins altérés. L'essentiel est d'adopter le traitement qui convient en toute sérénité et surtout en toute information des conséquences.

Celles qui ne peuvent pas

Nous avons vu que le traitement de la périménopause comporte la prescription d'hormones progestérone ou progestatives (hormones proches de la progestérone) associées ou non à des estrogènes, selon les besoins. Au début de la périménopause, le plus souvent, les progestatifs ou la progestérone sont suffisants, mais bientôt, au fil des mois et des années, il faut ajouter des estrogènes, de façon ponctuelle et éphémère d'abord, puis de plus en plus régulière jusqu'à l'établissement d'un traitement à base de progestérone (ou de progestatifs) et d'estrogènes permanents.

S'il existe des contre-indications aux estrogènes : cancer du sein, phlébite ou embolie, certains fibromes très hémorragiques (jusqu'à ce que l'on ait trouvé une solution – le plus souvent chirurgicale...) il n'en existe pratiquement jamais à la progestérone ou aux progestatifs. Ainsi, une femme ayant souffert d'un cancer du sein peut, sans l'ombre d'une inquiétude, utiliser la progestérone ou les progestatifs pour le traitement de sa périménopause.

Si vous décidez, pour une raison ou pour une autre, de ne pas faire appel aux traitements hormonaux, quelles sont les solutions actuellement disponibles ?

L'absence de traitement est bien évidemment une des possibilités. Elle est d'autant plus intelligente que les symptômes sont absents ou peu gênants. Il existe des femmes dont la périménopause est particulièrement calme et ne s'accompagne d'aucune diminution importante de la qualité de vie. Ces femmes ont des bouffées de chaleur rares ou discrètes. Elles dorment bien, ne souffrent absolument pas de leur absence de règles, ne gonflent pas, ne présentent aucune manifestation mammaire gênante... Bref, elles se portent bien. Ne rien faire est alors probablement la meilleure solution. Et même si ces femmes ne représentent qu'une minorité, il faut savoir les reconnaître, ne pas chercher à leur imposer un traitement hormonal qui serait, dans ce contexte, illégitime. On peut aussi faire appel aux traitements dits « symptomatiques » : les bouffées de chaleur et autres suées des périodes de carence estrogénique (pendant lesquelles les seins sont vides, mous, les règles absentes...) peuvent être soulagées par des médicaments prescrits par votre médecin tels que Agréal® ou Abufene®.

Les douleurs articulaires et musculaires, parfois contemporaines, elles aussi, des périodes d'insuffisance estrogénique, peuvent trouver une solution dans l'absorption de médicaments anti-inflammatoires ; la sécheresse vaginale peut être améliorée par la mise en place locale de lubrifiants, voire de composés estrogéniques de diffusion strictement vaginale. Dans la mesure où les épisodes d'insuffisance estrogénique sont ponctuels et peu durables (même si certains peuvent s'étaler sur plusieurs mois) la mise en œuvre de ces traitements symptomatiques s'interrompra lors du retour des règles (qui signe le retour de fabrication des estrogènes par vos ovaires dans les semaines qui ont précédé).

Par contre, les excès de fabrication d'estrogènes, qui se manifestent sous la forme de douleurs des seins, de gonflements, de rétention d'eau, d'aggravation d'une situation veineuse des jambes, n'ont guère d'autre solution que d'attendre l'arrêt de fabrication excessive d'estrogènes par les ovaires. Cependant, des médicaments dits veinotoniques peuvent rendre aux veines quelque tonus, en leur permettant de laisser passer moins « d'eau » dans les tissus à un moment où elles sont fantastiquement dilatées par l'excès estrogénique.

— Les phytoestrogènes de soja (isoflavones) représentent une des solutions de remplacement aux traitements hormonaux ou à l'abstention thérapeutique.

De l'usage des phytoestrogènes pendant la périménopause

Les symptômes et l'éventuel effet correcteur des phytoestrogènes

Trop de glaire cervicale

Les glandes du col de l'utérus, cette petite partie de l'utérus qui fait saillie au fond du vagin, sont sous dépendance estrogénique. Lorsqu'il y a beaucoup d'estrogènes dans le sang, elles fabriquent plus de substances glaireuses que d'habitude. Vous aviez peut-être noté tout au long de votre vie que, vers la période de l'ovulation, pendant quelques jours, cette glaire prend quelques proportions. Elle est destinée à attraper les spermatozoïdes lors du rapport sexuel afin de les faire pénétrer à l'intérieur de l'utérus où ils iront féconder un éventuel ovule qui les attend dans l'une des deux trompes. En périménopause, lorsqu'il n'y a plus d'ovulation mais seulement des estrogènes – voire beaucoup plus d'estrogènes que d'habitude –, la fabrication de cette glaire est parfois exacerbée. Elle se manifeste par des pertes vaginales plus ou moins transparentes et gluantes, sans aucun des signes d'infection tels que démangeaison, irritation, brûlure, etc. Cette hypersécrétion durera le temps de l'hyperfabrication des hormones estrogènes par vos ovaires : cela peut durer de quelques jours à quelques mois.

L'utilisation des isoflavones de soja n'a, dans ce cas, aucune utilité particulière. Il faut savoir, en effet, que l'action des phytoestrogènes, si elle s'oppose aux estrogènes en ce qui concerne l'utérus (dont le col de l'utérus fait partie), ne peut toutefois avoir la puissance nécessaire pour diminuer la quantité de glaire. Je rappelle que les phytoestrogènes de soja se sont effectivement révélés avoir un effet antiestrogénique (qui s'oppose à l'action des estrogènes) sur l'utérus, mais que leur action étant mille fois inférieure à celle des estrogènes, elle est largement insuffisante pour lutter contre ce symptôme.

Les bouffées de chaleur et les suées

Nous l'avons vu, ce symptôme particulièrement gênant ne survient cependant que dans les périodes de carence estrogénique qui émaillent l'évolution de la périménopause. Arrêt des règles, bouffées de chaleur, insomnie, douleurs articulaires, baisse de forme... tous ces symptômes traduisent le même trouble : le manque d'estrogènes – les ovaires se sont temporairement arrêtés de fonctionner. C'est « comme la ménopause », mais ce n'est pas la ménopause car les ovaires, un jour ou l'autre, se remettent à fonctionner en fabriquant leurs hormones. L'administration de phytoestrogènes dans ce contexte participe d'une bonne stratégie : comme nous le verrons, les isoflavones de soja ont une action bénéfique certaine sur ces symptômes. Et même s'ils ne peuvent revendiquer l'efficacité des estrogènes médicamenteux, il n'en reste pas moins qu'ils peuvent diminuer l'intensité de ces symptômes de près de 50 % ! Bien entendu, lorsque l'on absorbe des isoflavones de soja dans ce contexte il est bien difficile de faire la part des effets du produit et de la sécrétion hormonale spontanée remise en route par les ovaires. À vrai dire, peu importe ; ce qui compte, c'est que les symptômes s'estompent. Mais attention : l'administration ponctuelle de phytoestrogènes (par exemple une ou deux semaines) pendant la seule durée des troubles ne saurait, à mon sens, être efficace dans la mesure où toutes les études dont nous disposons montrent que trois ou quatre semaines consécutives d'administration de phytoestrogènes sont nécessaires à la diminution de l'intensité des symptômes. Je recommande donc une administration permanente d'isoflavones de soja, et ce, selon une posologie quotidienne de 75 mg d'isoflavones. Ces chiffres sont suggérés par de nombreuses études ayant établi les relations des isoflavones avec les bouffées de chaleur. Bien entendu, on peut se demander dans ce contexte si les isoflavones ne pourraient pas avoir un double rôle : soulager les bouffées de chaleur, d'une part, et inciter les ovaires à se remettre au travail plus rapidement, d'autre part, ce qui aurait un effet cumulé sur les symptômes de l'insuffisance estrogénique. Cela reste à démontrer.

Le syndrome prémenstruel

Cet ensemble de symptômes a pour caractéristique de se manifester environ de deux à dix jours, voire plus, avant les règles et de disparaître avec elles. Lorsqu'il atteint une intensité et une durée importantes, il peut constituer un véritable handicap. Le syndrome prémenstruel est fréquemment retrouvé en période de périménopause. Il est fait de deux groupes de symptômes distincts : les symptômes corporels − vous « gonflez », vos seins sont douloureux, vous faites de la rétention d'eau, vous prenez du poids ; et les symptômes psychologiques : vous êtes irritable, vous déprimez, vous vous sentez fatiguée, agressive... Les deux groupes de symptômes ne sont pas forcément associés. Lorsqu'ils le sont, on peut imaginer à quel point ce syndrome prémenstruel est pénible. Il peut apparaître pendant la périménopause alors que vous n'en avez jamais souffert ou, au contraire, disparaître à ce moment-là alors que vous viviez avec lui depuis de très nombreuses années.

À ce jour, les phytoestrogènes n'ont pas démontré d'action particulière sur le syndrome prémenstruel. Toutefois, il n'est pas impossible qu'ils puissent l'améliorer. Il faut savoir que de très nombreuses substances, hormonales ou non, ont à ce jour démontré une efficacité possible sur ce symptôme. Elles vont des hormones jusqu'à l'huile d'onagre en passant par des composés non hormonaux. Nous savons que les phytoestrogènes de soja ont un effet non négligeable sur la mécanique du cycle. En témoignent les travaux du docteur Aedin Cassidy et de ses collaborateurs, publiés en 1994 dans l'*American Journal of Clinical Nutrition*. Ces chercheurs ont réalisé l'expérience suivante : on administre à six femmes parfaitement cyclées (dont l'âge va de vingt et un à vingt-neuf ans) 45 mg d'isoflavones par jour pendant un mois. On constate alors que le moment de l'ovulation de ces femmes est retardé, que les hormones d'origine hypophysaire qui commandent cette ovulation (FSH et LH) ont diminué et que la concentration d'estrogènes circulant dans le sang de ces femmes est augmentée dans la période qui précède l'ovulation, tandis que leur cholestérol diminue alors de près de 10 %.

Souvenez-vous aussi de l'histoire des brebis mérinos d'Australie qui présentaient de sérieux problèmes de fécondité pour avoir brouté toute la journée du trèfle rouge...

Les phytoestrogènes de soja ont certainement un impact sur la mécanique hormonale d'origine ovarienne. Reste à savoir s'il est positif ou non sur le syndrome prémenstruel. Des études sont nécessaires pour le préciser.

Les douleurs des seins

En périménopause, nous l'avons vu, le corps féminin est conduit à vivre plusieurs périodes de fabrication excessive d'estrogènes : les ovaires sont déréglés et dépassent la mesure ; les seins peuvent être alors plus sensibles que la normale.

Il est possible que les phytoestrogènes aient une action intéressante sur ce symptôme. C'est ce que semble démontrer une étude présentée au deuxième congrès de la Société européenne de gynécologie en novembre 1997 par le docteur W. Wutke. Nous le verrons ultérieurement, les phytoestrogènes de soja semblent avoir une action antitumorale sur les cellules mammaires : les isoflavones seraient donc, pour les seins, des calmants plutôt que des excitants. Bien entendu, l'action antidouleur (et anticancéreuse) des isoflavones sur les seins reste à préciser.

Les règles hémorragiques

Il s'agit d'une éventualité extrêmement fréquente en périménopause. Il faut bien comprendre que la muqueuse utérine, cette architecture de chair qui pousse sous l'influence des estrogènes, est, en général, parfaitement équilibrée par la sécrétion de progestérone depuis l'ovulation jusqu'aux règles. En l'absence du garde-fou de l'hormone progestérone – ce qui est banal en périménopause – les estrogènes peuvent faire pousser la muqueuse utérine de façon plus ou moins exubérante. Les règles sont alors hémorragiques, parfois avec des caillots, et d'autant plus qu'il y a beaucoup de muqueuse à évacuer. L'âge de la ménopause, c'est-à-dire quarante-cinq ans ou plus, est aussi celui où l'on rencontre le plus fréquemment des fibromes, des polypes, de l'endométriose (voir p. 90-92), toutes affections, bénignes certes, mais qui augmentent les chances d'avoir des règles hémorragiques.

Dans la mesure où les phytoestrogènes ont une action antiestrogénique sur la muqueuse utérine, il serait logique que l'on y obtienne peu ou prou les effets de la progestérone ; des règles moins abondantes devraient être le résultat logique de l'administration d'isoflavones dans ce contexte. Pourtant, aucune étude à ma connaissance ne l'a démontré. Il convient, en cas de règles particulièrement préoccupantes, de s'assurer de l'absence de polypes et autres pathologies bénignes citées plus haut, puis d'administrer des antihémorragiques puissants, de mettre en place un traitement hormonal à base de progestatifs plus ou moins dosés, voire d'envisager quelque intervention chirurgicale, radicale ou non, sur l'utérus (si une anomalie la justifiant a été décelée).

Effets sur le cholestérol, les triglycérides, le diabète

Comme nous le verrons ultérieurement, les iso-flavones de soja ont pratiquement démontré leur action bénéfique sur la baisse du cholestérol total, en particulier sur celle du LDL, c'est-à-dire du mauvais cholestérol, avec une augmentation du HDL, c'est-à-dire du bon cholestérol. Mais attention : elles n'ont pas la même efficacité que les médicaments anticholestérol. Si les phytoestrogènes vont dans le bon sens, ils ne sauraient vous dispenser, en cas de non-régularisation des chiffres sanguins de cholestérol, d'un traitement médicamenteux en bonne et due forme. En ce qui concerne les triglycérides et le diabète, les bénéfices des isoflavones restent pour le moins, à ce jour, incertains.

Une certitude tout de même : être diabétique, avoir trop de triglycérides ou trop de cholestérol dans son sang sont des situations qui ne sont pas contre-indiquées, et qui peuvent au contraire induire l'administration d'isoflavones de soja.

Effets sur le poids

L'une des réticences majeures à l'adoption de traitements hormonaux classiques reste la peur de prendre du poids. Aussi, demandons-nous quelle est l'action des phytoestrogènes sur la fabrication de graisses et sur la rétention d'eau. En ce qui concerne les œdèmes et les gonflements, les phytoestrogènes semblent n'avoir strictement aucune action, ni positive ni négative. En ce qui concerne la fabrication de graisses, aucune étude sérieuse, à ma connaissance, n'a eu lieu sur ce sujet. Il a été démontré, en revanche, que l'administration des traitements hormonaux, lorsqu'ils sont bien conduits, ne faisait pas grossir les femmes périménopausées ou ménopausées : dans la plupart des différentes études consacrées à ce sujet, le poids des utilisatrices est constamment plus bas que celles des non-utilisatrices.

Il me semble, quant à moi, que la responsabilité des phytoestrogènes dans la prise de poids ne doit pas être retenue.

Les phytoestrogènes et les hormones progestérone ou progestatives

Beaucoup de médecins, dont moi, pensent que l'administration de progestérone ou de progestatifs en période de périménopause est une stratégie qui, entre autres bénéfices, permet de diminuer le risque de cancers de l'utérus. En effet, un certain nombre de cancers (mais pas tous) de l'utérus naissent du fait de l'hypertrophie de la muqueuse utérine, privée pendant de longs mois, voire de nombreuses années, de la contre-balance apportée par la progestérone. Nous avions, il y a quelques années, les mêmes raisonnements au sujet des seins, mais, sur ce dernier point, nous avons complètement changé d'avis ; parfois même, dans certaines études, la progestérone et les progestatifs font figures d'accusés. C'est dire si l'état de la recherche est encore incertain.

Ce qui est sûr, c'est que, lorsque l'on administre des estrogènes médicamenteux, il faut toujours les accompagner de progestérone ou d'hormones progestatives, cela afin de ne pas augmenter le risque de cancers de l'utérus.

Qu'en est-il des isoflavones de soja ? Toutes les

expériences dont nous disposons montrent que ces molécules ont un effet plutôt verrouillant sur la muqueuse utérine. À l'inverse des estrogènes (que ceux-ci proviennent des ovaires ou de médicaments), ils n'ont aucune possibilité de stimuler la pousse anarchique de ce que nous appelons l'endomètre (l'intérieur de la cavité utérine, la muqueuse utérine), où le cancer de l'utérus fait son nid. Il est donc totalement inutile d'associer la progestérone et les progestatifs à l'administration de phytoestrogènes dans le but de moduler, de tempérer, freiner l'action des isoflavones de soja. Et l'administration sous forme de comprimés, de crèmes... de Yam (outre que ce composé ne bénéficie d'aucune étude scientifique digne de ce nom) est totalement stupide. À la question : « Peut-on associer les hormones progestérone ou progestatives classiques d'un traitement de la périménopause avec les phytoestrogènes ? », la réponse est oui, sans aucune réserve.

Enfin, les effets positifs attendus des isoflavones de soja dans ce contexte seront bien évidemment d'une puissance inférieure à celle des estrogènes médicamenteux et donc d'une efficacité moindre sur les symptômes d'insuffisance estrogénique.

L'utilité des phytoestrogènes lorsque les traitements classiques sont contre-indiqués

Les phytoestrogènes et le cancer du sein ?

Il s'agit ici d'une question très polémique. En effet, tous les travaux et études dont nous disposons (aussi bien les expériences en laboratoire que les études effectuées sur des femmes) nous encouragent à penser que les phytoestrogènes ou, en tout cas, les isoflavones de soja vont dans le sens d'une protection contre les tumeurs cancéreuses du sein plutôt que dans celui d'une stimulation. Mais attention : ces travaux montrant que les femmes consommant des phytoestrogènes présentent moins de cancers du sein que celles qui n'en consomment pas n'ont pas force de preuves. Pour pouvoir affirmer l'innocuité des isoflavones de soja dans ce contexte, il faudrait entreprendre une étude scientifique très rigoureuse qui comparerait des femmes ayant eu un cancer du sein et absorbant des isoflavones de soja à des femmes ayant eu un cancer du sein et absorbant un placebo. C'est ce que l'on appelle une étude randomisée contre placebo, méthodologie exigée aujourd'hui par les scientifiques pour considérer qu'un fait est établi. Inutile de préciser que ces études coûtent fort cher et que, en matière de cancer du sein, elles devraient durer de très nombreuses années pour conduire à une quelconque conclusion. Les phytoestrogènes n'étant pas des médicaments mais des compléments alimentaires, il est peu probable que l'argent nécessaire à une telle démonstration soit jamais réuni.

C'est la raison pour laquelle certains médecins refusent absolument de conseiller des isoflavones de soja aux femmes ayant eu un cancer du sein, même si elles subissent une dégradation importante de leur qualité de vie, notamment en raison de bouffées de chaleur incessantes. D'autres, dont je suis, tentent de faire la balance des bénéfices et des risques. Ceux-là, dans les cas véritablement préoccupants où aucune autre thérapeutique n'est efficace, lorsque les bouffées de chaleur et les suées apparaissent comme un vrai handicap, autorisent les phytoestrogènes.

Le débat n'est pas clos, bien sûr. Une remarque qui vaut ce qu'elle vaut : les Asiatiques ayant souffert d'un cancer du sein ne se voient pas interdire par leur médecin de continuer à manger du soja...

Les isoflavones de soja et la pilule ?

La réponse est oui. Sans conteste. Les contre-indications classiques à la pilule contraceptive sont l'hypertension artérielle, l'hypercholestérolémie, l'hypertriglycéridémie, les grandes obésités, les antécédents de phlébite ou d'embolie pulmonaire, les antécédents de cancer du sein. Les antécédents de cancer de l'utérus constitueraient aussi une contre-indication théorique à la pilule mais, dans la mesure où le traitement de ce cancer est l'ablation de l'utérus, on comprend que l'utilisation d'une pilule dans ce contexte est inutile.

Aucune de ces situations (sauf, peut-être, pour les antécédents de cancer du sein) ne contre-indique l'utilisation des isoflavones de soja. L'hypercholestérolémie, au contraire, pourrait s'en trouver améliorée dans la mesure où de nombreux travaux attribuent aux phytoestrogènes de soja une action hypocholestérolémiante.

En ce qui concerne les antécédents de phlébite et d'embolie pulmonaire, qui représentent une contre-indication définitive à la pilule contraceptive et qui engagent à la plus grande prudence pour les traitements hormonaux de la périménopause et de la ménopause, il n'y a aucune raison de craindre l'effet dangereux de l'administration des phytoestrogènes. Quelques travaux de laboratoire semblent même attribuer aux phytoestrogènes une action de protection contre les thromboses, c'est-à-dire contre la formation de caillots sanguins.

Les phytoestrogènes et les fibromes

Les fibromes de l'utérus sont des boules de muscle qui poussent aussi bien dans la paroi musculaire de l'utérus que dans sa cavité. Ces derniers s'appellent fibromes sous-muqueux et provoquent très souvent des saignements anarchiques, voire, pendant les règles, des hémorragies. Leur diagnostic est impossible à faire lors de l'examen gynécologique, et l'échographie utérine les méconnaît souvent car il sont petits et cachés dans la cavité utérine. Seule une radio de l'utérus ou encore une hystéroscopie (un tube muni d'une lumière est introduit dans la cavité utérine par le col de l'utérus afin de l'explorer) en fait le diagnostic. Les fibromes sont alimentés principalement par les estrogènes (ceux qui sont produits par l'ovaire ou ceux qui, ultérieurement, sont prescrits sous forme médicamenteuse).

Au contraire, les isoflavones de soja n'ont strictement aucune action sur les fibromes de l'utérus. Par exemple, les Japonaises qui sont ménopausées, non hormonalement traitées, et qui continuent, bien entendu, de s'alimenter de façon traditionnelle, voient, tout comme les femmes occidentales, leurs fibromes s'atrophier au point de n'en entendre plus jamais parler.

Les isoflavones de soja et la mastose, les kystes des seins, les douleurs des seins...

Nous l'avons vu, les isoflavones ont sur les seins un effet plutôt calmant qu'excitant. Mais, en périménopause, il faut compter avec les pulsions estrogéniques excessives produites de façon plus ou moins temporaire par les ovaires : les phytoestrogènes, dans ce contexte, sont bien souvent incapables de lutter efficacement contre les impétuosités du fonctionnement ovarien particulièrement anarchique dans cette période de la vie des femmes.

Les isoflavones de soja et le polype de l'utérus

Certes non. Le polype de l'utérus est une excroissance molle de la muqueuse utérine dont la principale symptomatologie est de saigner n'importe comment, n'importe où et n'importe quand. Ils sont bénins dans l'immense majorité des cas. Leur diagnostic se fait soit par la radio de l'utérus, soit par l'hystéroscopie (cf. plus haut). Les phytoestrogènes n'ont aucune action sur les polypes utérins ; ils ne les encouragent certes pas à croître comme le font les estrogènes (naturels ou prescrits sous forme de médicaments). Cependant, il est illusoire d'imaginer que les phytoestrogènes ont la possibilité de les faire disparaître. Seule leur ablation par voie chirurgicale (c'est l'affaire de quelques minutes sous anesthésie générale, en passant par le col de l'utérus, sans cicatrice – le lendemain vous êtes rentrée chez vous) apporte une solution.

Les phytoestrogènes et l'endométriose

L'endométriose est une maladie mystérieuse. Bénigne, certes, elle peut cependant gâcher la vie des femmes qui en souffrent puisqu'elle est susceptible de provoquer douleurs de règles, douleurs pendant les rapports, stérilité tenace, et, après quarante ans, nombre de saignements et de règles hémorragiques plus ou moins incoercibles. L'endométriose, tout comme les polypes ou encore les fibromes de l'utérus, se nourrit des estrogènes (ceux produits par vos ovaires et ceux prescrits sous forme médicamenteuse). Elle est caractérisée par l'essaimage de petits îlots de muqueuse utérine en des endroits où ils ne devraient absolument pas se trouver : dans le muscle de l'utérus lui-même, et non plus dans la cavité utérine, comme il se doit (endométriose utérine ou encore adénomyose), sur les ovaires (endométriose ovarienne), sur les trompes, sur les ligaments qui haubanent l'utérus à l'intérieur du ventre...

En période de périménopause, l'éventuelle endométriose subit de fortes poussées de croissance pendant les phases d'hyperestrogénie (trop d'estrogènes) et de décélération brutale pendant les phases d'insuffisance estrogénique. Un traitement estrogénique intempestif et malvenu induisant un surdosage est donc capable, dans ce contexte comme dans celui des fibromes ou des polypes de l'utérus, d'accentuer la maladie.

Les phytoestrogènes de soja peuvent être autorisés en cas d'endométriose sans aucune hésitation car ils ont plutôt un effet antiprolifératif sur la muqueuse utérine et donc probablement sur la maladie.

Les phytoestrogènes de soja et la sécheresse vaginale de la périménopause

Cette sécheresse est relativement rare en période de périménopause. Elle est provoquée par l'insuffisance estrogénique. Or on a vu que les épisodes de sécrétion estrogénique normale et excessive succèdent de façon désordonnée aux périodes d'insuffisance. La sécheresse vaginale est un symptôme relativement lent à se manifester : il faut probablement plusieurs mois d'insuffisance estrogénique pour qu'il survienne. Cependant, il est parfois un des seuls symptômes gênants de cette période trouble qui précède l'avènement de la ménopause.

Les phytoestrogènes n'ont, à mon sens, aucun rôle à jouer ici. Pourtant, comme nous le verrons, un certain nombre d'études ont réussi à prouver que la muqueuse vaginale (le revêtement du vagin) de femmes ménopausées non hormonalement traitées était susceptible de retrouver certaines des caractéristiques précédant la ménopause sous l'effet de l'administration de phytoestrogènes. D'autres études, tout aussi sérieuses, ne sont pas parvenues à confirmer l'assertion. Enfin, nous manquons d'observations quant à la sécheresse vaginale des Japonaises et des autres Asiatiques ménopausées, non hormonalement traitées.

Les isoflavones de soja et la protection contre une éventuelle future ostéoporose

L'ostéoporose ne fait vraiment pas recette au Japon ! Les Japonaises ont le taux d'ostéoporose parmi les plus bas de la planète. Est-ce à dire que les isoflavones de soja – tout comme les

« vrais » estrogènes – protègent de la décalcification osseuse ?

Nous le verrons, un grand nombre de travaux et d'expériences semblent aller dans ce sens. Certes, mais si le fait était prouvé, il ne faudrait sans doute pas compter sur un effet aussi puissant que celui des vrais estrogènes. Il n'en reste pas moins que les années de la périménopause et celles qui lui font suite (les deux à trois premières années de la ménopause) sont contemporaines de la perte osseuse maximale chez les femmes prédisposées à l'ostéoporose. Dans ce contexte, mieux vaut sans doute (mais sans preuve absolue) absorber des phytoestrogènes plutôt que rien. Mais il serait malhonnête d'affirmer que la protection théorique ainsi conférée puisse être égale à celle des estrogènes administrés par voie médicamenteuse.

Ce qu'il faut retenir : Les phytoestrogènes de soja ne connaissent (mis à part la polémique du cancer du sein) aucune contre-indication dans la période de la périménopause. Ils sont susceptibles de diminuer le nombre et l'intensité des bouffées de chaleur, des suées caractéristiques des périodes d'insuffisance estrogénique qui émaillent l'évolution de cette période.
Ils semblent avoir une action sur l'évolution du déséquilibre hormonal croissant de cette période. Des travaux restent cependant nécessaires pour le confirmer et pour déterminer si cette action est positive ou négative.
Celles qui notent une augmentation de leur cholestérol, et en particulier de leur LDL (mauvais cholestérol), peuvent espérer la modérer, voire la normaliser. Mais il serait illusoire d'imaginer que les

phytoestrogènes de soja puissent remplacer les médicaments hypocholestérolémiants dont la puissance est souvent nécessaire pour réduire les hypercholestérolémies préoccupantes.

Enfin, les phytoestrogènes modèrent peut-être la décalcification osseuse contemporaine des périodes d'insuffisance estrogénique de la périménopause. Leur action serait ici certainement inférieure à celle des estrogènes prescrits sous forme médicamenteuse. Les études doivent être affinées.

6

La ménopause et les phytoestrogènes

Après avoir connu quatre ou cinq années de tergiversations pendant lesquelles leur fonctionnement cesse et reprend alternativement, les ovaires s'arrêtent définitivement. C'est cela, la ménopause : l'arrêt de sécrétion hormonale ovarienne sans reprise possible.

Elle survient en moyenne vers cinquante ans mais il n'est pas rare de rencontrer des femmes qui, ayant commencé leur périménopause vers cinquante à cinquante-deux ans, ne seront ménopausées que cinq ans plus tard, c'est-à-dire vers cinquante-cinq à cinquante-sept ans.

En même temps que les ovaires s'arrêtent de produire les hormones, ils sont définitivement incapables de produire une ovulation : toute grossesse devient impossible – si certaines d'entre vous ressentent cet événement avec nostalgie, la plupart considèrent qu'il s'agit là d'un des points positifs de la ménopause, dans la mesure où toute idée de grossesse leur semble incongrue.

Les hormones qui ne sont plus produites s'appellent estrogènes et progestérone. Bien sûr l'arrêt de production de progestérone, qui a commencé plu-

sieurs années auparavant pendant la périménopause, a pu être ressentie sous la forme de symptômes tels que douleurs des seins, gonflements du
corps, problèmes cutanés, tumeurs vulnérables...
Cependant, il faut préciser que c'est le manque
d'estrogènes qui provoque la quasi-totalité des
symptômes de la ménopause.

Il existe des ménopauses précoces : celles qui
surviennent avant l'âge de quarante ans. Elles sont
heureusement rares. Aux problématiques du
manque hormonal, vient alors s'ajouter la stérilité
invincible dont les conséquences, chez une jeune
femme de vingt-trois ans qui n'a pas encore eu
d'enfants, peuvent être dramatiques.

Les causes de la ménopause précoce sont totalement inconnues ; on soupçonne une prédisposition génétique (il y a des familles à ménopause précoce), et des conflits immunitaires : vous vous
souvenez (cf. p. 57) que nous disposons d'une
armée d'anticorps dont la mission est de défendre
le corps contre tous les agresseurs extérieurs. Ici
aussi, les putschs contre le pouvoir central existent... Certains anticorps tirent alors à bout portant
sur des glandes productrices d'hormones essentielles ; la thyroïde est certainement le plus fréquemment visée. Les ovaires pourraient être eux
aussi la proie d'autoanticorps anti-ovaires !

Des femmes dont on a ôté l'utérus pour des raisons diverses (le plus souvent pour un ou plusieurs
fibromes particulièrement hémorragiques) se
considèrent comme ménopausées parce qu'elles
n'ont plus leurs règles. Elles ont raison si le chirurgien a, dans le même temps, fait l'ablation des
deux ovaires, mais elles ont tort s'il les a respectés,
comme c'est aujourd'hui la tendance. En effet, si

l'absence définitive de règles est un des nombreux signes de la ménopause, elle ne la résume pas : c'est bien l'arrêt de production hormonale par les ovaires, sans possible retour, qui définit la ménopause.

Les ovaires sont-ils pour autant des glandes mortes après la ménopause ? C'est ce qu'on pensait encore très récemment. Il apparaît aujourd'hui que les glandes ovariennes continuent de produire des hormones après la ménopause : ce sont des hormones mâles, testostérone en tête. Rien à voir avec la production masculine ! Sinon, les femmes seraient couvertes de poils et perdraient leurs cheveux, en commençant par les « golfes » frontaux ! Mais suffisamment tout de même pour conserver quelque tonus, quelque bonne humeur et surtout une libido, c'est-à-dire un appétit sexuel et la faculté de ressentir du plaisir pendant les rapprochements amoureux. Cette production d'hormones mâles est une réalité qui va persister longtemps après la ménopause. Nous venons d'en voir les avantages mais elle a aussi quelques inconvénients, chez les femmes non hormonalement traitées : la peau se masculinise (selon des variations individuelles très importantes), la pilosité augmente, en particulier au-dessus de la lèvre supérieure, l'acné peut apparaître, les cheveux se graissent et, parfois même, tombent. Lors d'un bon équilibre hormonal, ce sont les estrogènes et la progestérone qui contrebalancent l'effet de ces hormones mâles.

> ### Parmi les hormones mâles, la très célèbre DHEA
>
> Les hormones mâles ne sont pas seulement produites par les ovaires mais aussi, en plus grande quantité, par les glandes surrénales qui, telles des virgules, coiffent chacune des parties supérieures de nos deux reins. Entre autres hormones mâles produites par les glandes surrénales, il y a la fameuse DHEA dont la disparition progressive au fil des années serait en partie responsable du vieillissement de l'organisme. L'idée de donner un complément de DHEA (cette fois non seulement aux femmes, bien sûr, mais aussi aux hommes) est une idée actuellement en cours d'examen. La première étude sérieuse effectuée (mon unité de ménopause faisait partie des sept centres investigateurs) fut particulièrement irréprochable puisqu'elle était randomisée contre placebo (cf. p. 88). Elle a permis de dégager un certain nombre d'effets positifs, notamment sur les os, sur la sexualité et sur la peau des femmes.

Les symptômes de la ménopause

Je vais ici en faire la longue énumération, mais il ne faut pas se méprendre : il est rare que la même femme les rencontre tous en même temps. Certaines n'en auront que deux ou trois ; d'autres, même, un seul. D'autres, au contraire, auront l'impression qu'elles les ont tous. C'est ainsi qu'il n'y a pas *une* ménopause stéréotypée où toutes les femmes se retrouveraient à l'identique, mais *des* ménopauses ; à un extrême se situent celles qui ne souffrent absolument de rien (elles représentent probablement 10 % des femmes) et, à l'autre extrême, celles qui semblent accumuler tous les malheurs de la terre et collectionnent les symptômes les uns après les autres. Entre ces deux extrêmes : la majorité des femmes.

Il faut compter aussi avec la façon dont chacune d'entre vous vit ce ou ces symptômes : certaines femmes sont très gênées par une ou deux bouffées de chaleur nocturne, alors que d'autres acceptent allègrement une vingtaine de crises réparties sur vingt-quatre heures sans leur attribuer le qualificatif de « gênantes ». D'autres souffrent particulièrement de leur sécheresse vaginale parce que le conjoint est encore très demandeur. D'autres, seules, ignorent les désagréments de ce symptôme !

C'est un fait admis : face aux mêmes inconvénients, nous réagissons les uns les autres de façon fort différente. Ici les optimistes, les « je ne m'écoute pas » s'en sortiront le mieux car, à symptômes égaux, elles vivront une vie plus confortable. Voici pourquoi la ménopause de l'une ne ressemble pas forcément à la ménopause de l'autre !

Venons-en à la description des symptômes.

L'arrêt des règles

Ce symptôme est le plus souvent considéré comme signalant l'avènement de la ménopause. Il n'est pourtant pas formel car :

— on rencontre des arrêts de règles parfois pro-longés pendant plusieurs mois dans la période de la périménopause (les règles reviennent quand les ovaires se remettent à fonctionner) ;

— elles disparaissent évidemment lors des hysté-rectomies. Elles ne sont alors synonymes de méno-pause que si les ovaires sont aussi chirurgicalement enlevés ;

— il existe de très nombreuses situations pou-vant entraîner un arrêt des règles en dehors de la ménopause : amaigrissement brutal, chimiothéra-pie pour le traitement du cancer, choc émotif, etc. Sans oublier... la grossesse surprise !

Cet arrêt des règles doit donc être interprété au sein d'un ensemble d'autres symptômes qui convaincront votre médecin que vos ovaires ont soit définitivement – (c'est la ménopause), soit tempo-rairement (c'est la périménopause) fermé boutique.

L'administration d'estrogènes sous forme médi-camenteuse fait revenir les règles même si on ne les complémente pas par l'administration de pro-gestérone médicamenteuse. En revanche, l'admi-nistration de progestérone seule n'a strictement aucune ambition de provoquer quelque saigne-ment que ce soit. Ceux-ci surviendraient-ils qu'ils viendraient démentir l'idée d'une ménopause « officielle », tant il est vrai que, pour saigner, un utérus a besoin d'avoir été préalablement soumis à l'action d'estrogènes. C'est d'ailleurs un des méca-nismes de ce que l'on appelle « le test à la progesté-rone » : l'absence de règles après un arrêt d'une dizaine de jours d'administration de comprimés de progestérone ou de progestatifs signe l'absence d'estrogènes sanguins en quantité minimale. Plu-sieurs mois consécutifs sans règles sont un bon argument (mais pas décisif, sauf si la durée des tests s'étale sur plus d'un an) pour évoquer le diagnostic de ménopause.

Comme nous le verrons, l'administration de phytoestrogènes n'a strictement aucune action sur l'utérus ; l'idée qu'ils puissent faire « revenir les règles » est totalement fausse. Reviendraient-elles (alors qu'on en absorbe en se croyant ménopausée) qu'il faudrait immédiatement rectifier le diagnostic de ménopause pour celui de périménopause !

Beaucoup de femmes pensent encore que le seul but du traitement hormonal substitutif (THS) de la ménopause est de donner la possibilité aux règles de se manifester à nouveau. Elles attribuent ainsi à leurs règles des vertus curatrices et bienfaitrices capables d'effacer à elles seules tous les symptômes de la ménopause. Ce raisonnement est erroné : c'est l'action même des hormones sur les différents récepteurs du corps (le cerveau, la peau, le squelette...) qui efface les conséquences négatives. Les femmes hystérectomisées en sont le meilleur exemple : elles vivent bien sûr des ménopauses comme les autres femmes, et voient leur symptomatologie totalement effacée par l'administration d'un traitement hormonal substitutif bien conduit, sans espoir possible de retour de règles.

Enfin, il faut savoir que la majorité des femmes qui adoptent un traitement hormonal substitutif de leur ménopause souhaitent que ce traitement leur donne tous les effets positifs attendus sauf les règles. Dans la mesure où le retour des saignements utérins n'a aucun intérêt particulier sur le plan médical, les médecins prescripteurs tentent, dans 80 % des cas avec succès, d'éviter le retour des phénomènes menstruels.

Les bouffées de chaleur

Il s'agit d'une onde de chaleur qui prend naissance au creux de l'estomac ou plus haut et qui s'étend rapidement vers le visage. Elle vous donne le sentiment d'être entrée brusquement dans une étuve. Dans les secondes qui suivent, la transpiration abonde, défait le maquillage, la coiffure. Il se peut que votre peau rosisse mais certainement moins que ce que vous imaginez. Quelques secondes plus tard, l'onde de chaleur a disparu mais vous laisse le plus souvent mouillée et, dans certains cas, frigorifiée. La survenue des bouffées de chaleur est le plus souvent nocturne – on ne sait pourquoi. Certaines femmes en ont aussi dans la journée ; l'énervement, la fatigue, les contrariétés semblent en augmenter le nombre et l'intensité.

La nuit, elles réveillent et contribuent à la mauvaise qualité du repos. Les transpirations sont parfois si abondantes qu'il faut se lever, changer entièrement de vêtements, parfois de draps. Vous pensez souvent que le symptôme est temporaire ; vous espérez qu'après quelques semaines ou quelques mois d'attente courageuse les bouffées de chaleur disparaîtront. Or, le plus souvent, il n'en est rien ; elles peuvent persister pendant des années, voire toute la vie. Certaines d'entre vous, cependant, constateront avec bonheur leur disparition plus rapidement.

Les suées

Elles remplacent parfois les bouffées de chaleur : vous ne ressentez pas d'onde de chaleur ponctuelle mais un « coup de chaud » avec transpiration abondante alors qu'autour de vous tout le monde vit dans un parfait confort thermique. Ces suées sont, elles aussi, plus souvent nocturnes que diurnes. Elles provoquent les mêmes inconvénients que les bouffées de chaleur.

Parfois bouffées de chaleur et suées se superposent. D'autre fois, les bouffées de chaleur et les suées n'existent pas – tout au plus ces chanceuses auront-elles noté un changement dans leur thermorégulation : « Avant, j'étais frileuse, maintenant je ne le suis plus » ou « J'ai toujours un petit peu plus chaud que les autres, mais ce n'est pas un grand inconvénient » ou encore « Je supporte moins la chaleur qu'auparavant... »

Soixante-quinze pour cent des Françaises connaissent ces symptômes à la ménopause. Le plus souvent, elles en avaient déjà fait la connaissance, de façon ponctuelle, lors de la périménopause, pendant les épisodes d'insuffisance estrogénique.

On ne sait toujours pas expliquer clairement le mécanisme de ces bouffées de chaleur. Bien sûr, on sait que l'administration d'estrogènes sous forme médicamenteuse (ou la reprise du fonctionnement des ovaires lors de la périménopause après un arrêt de quelques semaines ou de quelques mois) les efface comme par magie en une dizaine de jours.

On soupçonne fortement les estrogènes d'être impliqués dans la régulation de la température féminine : le centre de régulation thermique est situé dans notre cerveau. C'est à lui qu'est dévolue la responsabilité de maintenir notre température centrale à 37 degrés centigrades, à quelques dixièmes près. Cette thermorégulation fonctionne grâce à des neuro-hormones telles que la dopamine, la sérotonine... Les estrogènes doivent probablement jouer un rôle primordial dans la régulation de ces hormones cérébrales et donc, lorsqu'elles sont absentes, « dérégler » le fonctionnement du thermostat corporel.

Comme nous le verrons ultérieurement, c'est sur ce point que l'action des phytoestrogènes se révèle la plus efficace même s'ils paraissent moins puissants que les estrogènes médicamenteux traditionnels.

La sécheresse vaginale

Voici un symptôme dont l'apparition est progressive au fil des mois d'insuffisance estrogénique. Il concerne une femme sur quatre ayant conservé une activité sexuelle après la ménopause. Les parois vaginales sont de moins en moins capables de produire la lubrification nécessaire ; la pénétration se fait de jour en jour plus difficile, plus douloureuse, voire blessante. Dans cette situation, le plaisir est bientôt remplacé par la douleur, qui explique qu'on cherche par tous les moyens à éviter les rapprochements amoureux.

Ce sont les estrogènes qui ont en charge non seulement la lubrification des parois vaginales mais aussi leur souplesse, leur élasticité. La sécheresse, en effet, ne résume pas les éventuelles transformations locales pouvant survenir : l'atrophie progressive du conduit vaginal entraîne une diminution, elle aussi progressive, de son calibre, un fait encore largement potentialisé par la rareté des rapports sexuels (qui entraîne, même chez une femme réglée, non une atrophie mais une diminution naturelle du calibre vaginal). En cas d'équilibre hormonal, cette diminution est évidemment réversible si l'activité sexuelle régulière est reprise. Nous verrons comment la possibilité d'une action positive des phytoestrogènes sur ce symptôme est controversée.

Enfin, il faut noter que certaines femmes ne bénéficiant d'aucun traitement hormonal conservent une muqueuse vaginale extrêmement souple, apte à lubrifier, qui, si l'appétit sexuel est resté au beau fixe, permet de continuer une vie amoureuse parfaitement harmonieuse. Ces femmes sont rares mais elles existent, il convient de le signaler.

La baisse de l'appétit sexuel

L'appétit sexuel, c'est la libido. Il connaît le plus souvent, chez les ménopausées, une franche diminution pour ne pas dire, chez certaines, une disparition. Les causes en sont multiples : la carence d'hormones estrogènes explique un désintérêt général pour la vie en général, pour la sexualité en particulier. Vous ressentez souvent à ce moment précis de votre évolution une lassitude qui ne vous encourage pas aux rapports amoureux. De surcroît, la sécheresse vaginale qui existe chez nombre d'entre vous est capable de transformer des rapports naguère réussis en expériences douloureuses.

Bien que, après la ménopause, normalement, les ovaires persistent à produire les hormones mâles indispensables au maintien de votre libido, un certain nombre d'entre vous voient, pour des raisons diverses, cette sécrétion diminuer fortement ; dès lors, l'appétit sexuel s'éteint de façon irrémédiable. Ce phénomène est d'autant plus souvent observé que vous avez subi une ovariectomie (l'ablation de vos ovaires).

Les estrogènes médicamenteux ne sont pas toujours capables, bien qu'ils restaurent une qualité de vie identique à celle qui précédait la ménopause, de rendre force et vigueur à cette libido, dans la mesure où les hormones mâles sont parfois insuffisantes.

Les phytoestrogènes ne semblent pas pouvoir jouer ici un rôle quelconque.

Les maux de tête

Ce symptôme est moins fréquent. Il atteint surtout celles qui ont expérimenté tout au long de leur vie ce que l'on appelle les migraines menstruelles. Dans ce cas, les maux de tête sont présents soit quelques jours avant, soit pendant, soit quelques jours après les règles. Nous avons désormais compris le mécanisme de ce phénomène : c'est la diminution brutale du taux d'estrogènes sanguins qui le provoque. J'ai rencontré des femmes ménopausées ne présentant que cet unique symptôme. Les médicaments classiques antidouleurs sont parfois efficaces mais pas toujours.

Ce symptôme est parfois remplacé par une sensation vague de douleurs très peu précises comme si la migraine allait survenir de façon imminente. Cette sensation peut être permanente.

Lorsque le mécanisme estrogénique est bien en cause (il existe des femmes dont les maux de tête n'ont aucune origine hormonale), l'administration d'estrogènes efface rapidement le problème.

La déprime

C'est une envie de rien, une détérioration de l'humeur, une façon particulièrement négative d'envisager les choses quotidiennes de la vie, un « à quoi bon ? » qui s'empare parfois des femmes ménopausées. Cette baisse d'élan vital est tout à fait caractéristique de l'insuffisance estrogénique et frappe d'autant plus qu'on la rencontre chez des femmes qui, auparavant, se distinguaient par leur optimisme. Il faut dire qu'indépendamment de la crise hormonale biologique les femmes de cinquante ans et plus vivent une crise existentielle naturelle et normale : celle de la cinquantaine. C'est le moment où femmes et hommes sont conduits à faire le point sur ce qu'ils ont fait des années écoulées, ce qui leur reste à faire et sur ce qu'ils pensent pouvoir encore faire avant la dernière échéance. Cette crise est douloureuse ; c'est probablement, avec celle de l'adolescence, une des plus difficiles à vivre. Aborder ce tournant existentiel pénible au moment même où l'on est aux prises avec un certain nombre de symptômes physiques plus ou moins éprouvants explique que la ménopause ait été, de tout temps, redoutée par les femmes. Ne la nommait-on pas encore jusqu'à il y a peu « retour d'âge » ?

Cette baisse de forme – attention ! elle n'est pas obligatoire – est encore potentialisée par le manque de sommeil, les réveils incessants provoqués par la survenue éventuelle de bouffées de chaleur particulièrement harcelantes.

L'humeur, le tonus, la joie de vivre sont alimentés entre autres par les hormones mâles (dont nous avons vu qu'elles continuaient d'être fabriquées et par les ovaires et par les glandes surrénales) et aussi par les hormones estrogènes. Ces dernières ont une forte répercussion sur le fonctionnement chimique du cerveau féminin et interfèrent dans de nombreuses réactions biologiques dans lesquelles sont impliquées des hormones cérébrales importantes comme, par exemple « l'hormone de la sérénité et du bonheur », la sérotonine. Il vous faut savoir d'ailleurs qu'il existe une certaine analogie architecturale entre la molécule biochimique des estrogènes et celle... des médicaments antidépresseurs que l'on appelle sérotonienergiques. Ce qui me fait souvent dire à mes patientes : « Les estrogènes sont parmi les plus puissants antidépresseurs naturels des femmes » !

Les trous de mémoire, les difficultés de concentration

Certaines d'entre vous sont réellement paniquées quand elles prennent conscience que leur capacité de mémoire subit une sérieuse diminution. C'est en général la mémoire à court terme qui est perturbée : on oublie les noms propres, ce que l'on était en train de dire, où l'on a posé ses clés...

Certaines, même, notent une diminution de leurs capacités intellectuelles : elles se sentent moins en forme, comprennent plus difficilement, effectuent les tâches naguère automatiques avec beaucoup de difficultés. « Je n'arrive plus à assumer correctement mon travail, moi qui me targuais, grâce à mon expérience, d'être d'une efficacité remarquable. » Jusqu'à certaines artistes (peintres, écrivaines, musiciennes...) qui subissent de longues périodes de non-créativité.

De nombreux travaux ayant porté sur l'effet des estrogènes sur le cerveau féminin nous expliquent comment le fonctionnement cérébral peut être perturbé par la carence hormonale. L'administra-

109

tion d'un traitement hormonal substitutif dans ce contexte permet en général de recouvrer rapidement ces capacités. Ces symptômes n'ont pourtant strictement rien à voir avec la fameuse maladie d'Alzheimer qui est une perte progressive de tous les repères affectifs et intellectuels d'un individu, maladie redoutable dont on n'a jusqu'ici pas encore identifié le traitement décisif. La fréquence de la maladie d'Alzheimer est proportionnelle au nombre des années. Elle croît de façon exponentielle après soixante-cinq ans avec une immense prépondérance dans le sexe féminin. Des travaux (non décisifs) semblent cependant devoir retenir une diminution du risque de cette maladie chez les femmes ayant adopté un traitement hormonal substitutif. L'impact des isoflavones de soja dans ce contexte reste encore très nébuleux.

Le manque de sommeil

On s'endort tout à fait normalement mais on se réveille plusieurs fois par nuit sans réussir à se rendormir. Les bouffées de chaleur et autres suées sont parmi les responsables numéro un de ces troubles du sommeil. Pendant les moments d'insomnie, à cette époque de la vie où le moral n'est pas au beau fixe, on a tout loisir de remuer idées noires et négatives qui ne font qu'ajouter à l'impression de détresse et d'inquiétude.

Les douleurs articulaires

Elles sont extrêmement fréquentes. Elles touchent n'importe quelle articulation des mains, des coudes, des genoux, du dos... Elles vont et viennent selon les moments du jour, selon les jours de la semaine. Elles s'accompagnent souvent de douleurs musculaires, sortes de courbatures. Vous les attribuez souvent soit à « la vieillerie qui commence », soit à une ostéoporose qui ferait son chemin. Sur ce dernier point vous avez tort : l'ostéoporose est une maladie totalement silencieuse qui ne se manifeste au grand jour qu'une fois la première fracture arrivée.

Les estrogènes médicamenteux ont un effet quasi magique sur ces douleurs et les font disparaître en l'espace de quelques semaines en même temps que les éventuelles bouffées de chaleur ou suées.

La peau sèche

Vous dites souvent : « J'ai une peau de serpent... » ou « elle est sèche comme un buvard ! » La peau est, en fait, un formidable récepteur aux hormones estrogènes ; quand celles-ci viennent à manquer, elle perd de son élasticité, de son épaisseur, de son hydratation et de sa teneur en collagène. Elle perd aussi de son éclat : le teint devient plus terne dans la mesure où les microvaisseaux sanguins qui parcourent sa surface ne sont plus aussi généreusement dilatés par le sang.

Les estrogènes médicamenteux lui rendent en général son éclat antérieur. L'effet des phytoestrogènes sur ce poste est actuellement discuté.

Les fuites urinaires

Elles sont extrêmement fréquentes et peuvent déjà se manifester au moment de la périménopause, surtout dans les instants d'insuffisance estrogénique. Car il faut dire que la vessie est très réceptive aux hormones estrogènes. C'est grâce à elles qu'elle conserve son tonus, qu'elle ne déclenche pas des envies d'uriner alors qu'elle ne contient encore qu'un cinquième du volume urinaire habituellement admis.

Sans estrogènes, elle déclenche donc plus volontiers ces envies d'uriner impérieuses qui obligent à se précipiter aux toilettes et qui peuvent provoquer d'authentiques fuites d'urine si celles-ci sont inaccessibles.

Un autre mécanisme peut apparaître, surtout chez les femmes qui ont accouché au moins une fois, ce sont les fuites à l'effort (la toux, l'éternuement, le rire, le sport, tout mouvement susceptible de créer une hyperpression dans le bas-ventre)

Le traitement estrogénique médicamenteux est souvent efficace pour améliorer la situation des impériosités d'urine et, dans une moindre proportion, les fuites à l'effort. Dans ce dernier cas, la rééducation périnéale, voire l'intervention chirurgicale (aujourd'hui très simplifiée grâce à la technique du TVT) permettent de pallier ces inconvénients.

L'action éventuelle des phytoestrogènes reste dans ce contexte totalement inconnue.

Les fourmillements

Vous vous plaignez de « sensations de fourmis » dans les mains, les bras, les pieds, les jambes. Les causes de ce symptôme sont mal connues. Elles participent sans doute du phénomène d'arthrose qui enserre les racines nerveuses responsables de la sensibilité au moment où celle-ci émerge de la colonne vertébrale. Il n'est pas impossible non plus que ces nerfs soient moins bien irrigués (les estrogènes dilatent les vaisseaux sanguins et favorisent la circulation sanguine artérielle). Enfin, elles accompagnent peut-être le phénomène des douleurs articulaires et musculaires décrit plus haut. L'action des estrogènes médicamenteux est inconstante sur ce symptôme.

Les palpitations

C'est ce qu'on appelle les extrasystoles. Notre cœur semble s'arrêter quelques fractions de seconde, puis il repart avec un grand bond. Drôle d'impression dans la poitrine. On peut ressentir les extrasystoles jusqu'à la base du cou. Elles accompagnent souvent (elles les précèdent ou leur font suite) les bouffées de chaleur. Elles sont en général considérées par les cardiologues comme extrêmement bénignes, simple témoin de votre grande nervosité.

Les conséquences plus lointaines
de la ménopause

La prise de poids

La prise de poids est véritablement votre bête noire de la ménopause. L'idée vous terrorise, vous déprime, vous obsède. Vous êtes persuadée que la ménopause, traitée hormonalement, ou non traitée, va vous entraîner sur la pente irrésistible du surpoids.

Avec quelques confrères, nous avons, il y a quelques années, réalisé une étude (l'étude du CERIS) qui a permis de constater que la prise de poids moyenne des Européennes entre dix-huit et cinquante-huit ans (tous pays confondus) s'établissait autour de onze kilos – une prise de poids parfaitement régulière, sans à-coups. Seules la ou les grossesses sont de vrais « starters » d'une prise de poids difficile à perdre. La ménopause, elle, ne semble pas provoquer de prise de poids particulièrement marquante. Alors que se passe-t-il ? Rêvez-vous ? Certes non ! Les choses sont en fait simples : lorsque vous abordez votre quarantaine, vous avez en général déjà un surpoids de sept à huit kilos par rapport à votre poids optimal de jeunesse. L'étude du CERIS nous apprend que vous êtes quasiment obligée, dès l'âge de dix-huit ans, de prendre quelque 300 g par an. Faites vos comptes : c'est encore trois à cinq kilos que vous allez prendre à la cinquantaine. Oui, mais c'est lorsque vous dépassez la barre des dix kilos en trop que vous commencez à juger la situation intolérable. Et cet événement est justement contemporain de la ménopause.

Les raisons de la prise de poids :

— Le métabolisme de base, cette « chaudière personnelle » qui brûle des calories pour assurer l'énergie nécessaire au bon fonctionnement de notre corps, devient de moins en moins gourmande ; elle se met à faire des économies d'énergie de plus en plus efficaces au fur et à mesure que le temps passe. Dès lors, même si vous n'absorbez pas plus de calories dans votre alimentation, même si vous en dépensez toujours autant par une activité physique respectable, il y a toujours un supplément de calories qu'il faut bien stocker quelque part : la graisse est le tissu de stockage de nos calories.

— La cinquantaine correspond le plus souvent pour l'ensemble d'entre nous à une diminution du rythme de l'activité physique. On faisait beaucoup de sport... Puis on a abandonné. On utilise beaucoup plus volontiers les ascenseurs et autres escaliers mécaniques ; on ne se risque plus aussi volontiers dans des expériences physiques dépensières d'énergie telles que les longues randonnées... Bref, on dépense moins d'énergie qu'auparavant – voilà encore une raison d'augmenter notre stock graisseux d'énergie.

— Les plaisirs de la table, les repas conviviaux plus fréquents qu'autrefois, une consommation abusive d'alcool : voici encore des calories « en rabe » qu'il faut bien caser quelque part !

— Nous avons vu à quel point la ménopause, avec sa crise biologique hormonale, pouvait être difficile à vivre : nombre de troubles du comportement alimentaire avec surconsommation de sucres rapides et de graisses surviennent à cette époque de la vie des femmes. Cette modification de la ration alimentaire, même si elle n'apparaît pas extraordinaire dans la mesure où elle se répète jour après jour, finit par vous faire accumuler quelques kilos de graisse supplémentaires.

Bref, vous dépensez moins d'énergie par vingt-quatre heures pour assurer le fonctionnement vital de votre corps (le métabolisme de base est diminué), vous dépensez moins encore en raison d'une activité physique, sportive ou non, le plus souvent ralentie par rapport à vos habitudes antérieures, vous engrangez plus d'énergie qu'auparavant en modifiant la composition et la quantité des aliments ingérés : voilà assurés les quelques kilos supplémentaires de votre cinquantaine ! Vous comprenez que, ici, la crise biologique hormonale joue un rôle, mais parmi de nombreux autres facteurs pouvant expliquer cette prise de poids. C'est d'ailleurs au moment de la périménopause, lorsque les événements se succèdent de façon extraordinairement désordonnée, que vous risquez le plus de prendre ces fameux kilos.

Je parle ici de « kilos de graisse » : c'est bien de graisse dont il s'agit et non d'eau. En effet, vous le savez, votre poids peut aussi s'affoler dans certaines circonstances parce que, comme vous le dites, vous faites de la rétention d'eau. Or, au moment de la ménopause, les estrogènes étant au plus bas, la plupart d'entre vous sont au moins épargnées de ces fameuses rétentions d'eau. Au contraire, au moment de la périménopause, lorsque les estrogènes passent leur temps à faire des montagnes russes, vous pouvez, pendant les phases de fabrication excessive, non seulement fabriquer des kilos de graisse mais aussi des kilos d'eau. Sur la balance, point de différence, bien sûr, entre ces différentes origines. Pourtant, vous pouvez facilement les reconnaître : les kilos de graisse sont lents à fabriquer (plusieurs semaines, plusieurs mois) et lents à disparaître (sous l'effet d'un régime ou d'une activité physique), tandis que les kilos d'eau sont extrêmement rapides à apparaître (ils peuvent se constituer en l'espace de quelques heures ou de quelques jours) et disparaissent aussi rapidement qu'ils sont survenus.

À la ménopause, vous grossissez comme un homme !

C'est maintenant une certitude scientifique : de très nombreuses femmes, au moment de leur ménopause et dans les années qui suivent, dans la mesure où elles ne suivent pas un traitement hormonal substitutif de la ménopause, ont tendance à développer de la graisse en des endroits jusqu'ici réservés exclusivement aux hommes : sur le ventre, sur le haut du corps, dans les seins, dans le dos. Tandis que, ô divine surprise ! elles constatent, dans le même temps, une certaine fonte de la graisse qui avait constamment enrobé leurs cuisses et leurs fesses depuis la puberté.

De quoi s'agit-il ? Nous parlons de localisation *androïde* des graisses pour ce qui concerne la localisation masculine du haut du corps, et de localisation *gynoïde* pour la localisation des graisses sur le mode féminin (en bas du corps). Ces localisations graisseuses sont sous étroite dépendance hormonale : les estrogènes fabriqués par les ovaires (ou prescrits sous forme médicamenteuse) obligent la graisse à se localiser sur les cuisses, les fesses en adoptant parfois, ce qui vous désole tant, une allure de culotte de cheval. En l'absence d'estrogènes, ce sont les hormones mâles qui mènent la danse – je vous rappelle qu'elles continuent d'être fabriquées dans votre corps aussi bien par les ovaires, même après la ménopause, que surtout par les glandes surrénales (ces deux petites glandes qui coiffent chaque partie supérieure de nos reins). Les hormones mâles, testostérone en tête, privilégient la localisation androïde de nos graisses : sur le haut du corps. Et c'est la raison pour laquelle les

117

femmes ménopausées non traitées ressemblent parfois aux personnages de Faizant : de vieilles dames dotées de volumineux abdomens portés par des jambes extrêmement fines.

Sur la balance, il n'y a guère de différence que la graisse soit localisée dans la partie supérieure ou inférieure de votre corps mais, en termes de maladie, les choses en vont autrement : la graisse abdominale est particulièrement dangereuse. Elle constitue un facteur de risque cardio-vasculaire non négligeable. Avoir trop de graisse dans le haut du corps favorise les crises cardiaques, les accidents vasculaires cérébraux, l'hypertension artérielle, l'hypercholestérolémie, tous facteurs spécifiques de risque cardio-vasculaire.

Mais ce n'est pas tout : de nombreuses études ont démontré qu'avoir trop de graisse sur le ventre constituait pour les femmes une augmentation non négligeable du risque de cancer du sein ou de l'utérus.

Comme vous le savez sans doute, la prescription d'un traitement hormonal substitutif diminue quelque peu les risques cardio-vasculaires des femmes. Beaucoup de médecins pensent que c'est, entre autres, parce qu'il barre la route à cette localisation masculine des graisses.

Les phytoestrogènes (les isoflavones de soja en tout cas) semblent de bons candidats à la diminution du risque cardio-vasculaire. Il n'y a cependant à ma connaissance aucune étude scientifique qui établisse aujourd'hui qu'ils soient susceptibles de contrôler, comme les estrogènes ovariens ou ceux prescrits sous forme médicamenteuse, la localisation des graisses après la ménopause.

Pour conclure ce petit chapitre sur la prise de

poids au moment de la ménopause, je vous donne ici trois clés pour contrôler votre silhouette à ce moment de la vie : une diminution de votre ration alimentaire (en insistant beaucoup sur les graisses et l'alcool et à un moindre degré sur les sucres rapides) ; une activité physique sportive ayant pour but de brûler les calories superflues et aussi de restaurer ou de maintenir votre masse musculaire qui a tendance à s'atrophier au fil des années ; enfin un équilibre hormonal particulièrement réussi.

L'ostéoporose

Je suis certain que vous connaissez ce mot. L'ostéoporose est tristement sortie de son anonymat il y a quelques années lorsque l'on s'est rendu compte que cette maladie du squelette était responsable d'un nombre incalculable de handicaps, voire de décès féminins.

Votre capital osseux est constitué depuis l'âge de seize ans !

C'est une notion qui n'est pas encore suffisamment connue. La dureté de nos os est définitivement constituée dès lors qu'on entre dans l'âge adulte. Ensuite, pour une femme, la conservation de ce capital va dépendre de la régularité avec laquelle les os vont recevoir les fameuses hormones estrogènes. Que ce soit les estrogènes fabriqués

---

par vos ovaires ou encore ceux d'une pilule contraceptive, peu importe : le squelette y trouve son compte. Mais la source estrogénique vient-elle à se tarir (anorexie mentale qui inhibe le fonctionnement ovarien, ménopause précoce, castration définitive ou temporaire en raison d'une chimiothérapie...) et le tissu osseux est en danger. Il commence ou non à se fragiliser, plus ou moins selon votre hérédité, votre hygiène de vie... On comprend aisément qu'à partir d'un capital particulièrement riche il faudra très longtemps avant d'être confrontée au risque de l'ostéoporose. À l'inverse, si vous partez d'un capital pauvre (soit parce que votre donne génétique n'est pas très favorable, soit parce que votre hygiène de vie laisse à désirer), la situation osseuse peut se dégrader beaucoup plus rapidement. On peut imaginer enfin que les femmes du baby-boom (nées après 1945), celles-là même qui, par rafales de cinq cent mille nouvelles arrivantes chaque année, soufflent les bougies de leur cinquantième anniversaire, seront probablement plus épargnées par l'ostéoporose que leurs aînées qui ont vécu leur adolescence au moment des restrictions alimentaires sévères imposées par la guerre.

Estrogènes : le frein immédiat à l'ostéoporose

Les estrogènes sont des hormones qui, quels que soient le moment, le niveau de décalcification osseuse auxquels on les administre, ont le même effet : ils l'arrêtent là où elle était, ils la figent littéralement. Dès lors que les estrogènes viennent à disparaître, la décalcification osseuse poursuit son bonhomme de chemin au point où elle en était au moment de l'introduction des hormones. Ce qui veut dire qu'il n'est jamais trop tard pour tenter d'arrêter le processus. Les estrogènes utiles en ce domaine, et pour lesquels on a toutes les preuves d'efficacité, sont ceux fabriqués par les ovaires (lorsqu'ils sont encore actifs) ou encore ceux donnés sous forme médicamenteuse, que ce soit sous forme de pilule contraceptive ou encore de traitement hormonal substitutif de la ménopause.

À noter : un estrogène-médicament ne protège pas contre la décalcification osseuse, il s'agit de l'estriol qui n'est guère plus utilisé aujourd'hui.

Les phytoestrogènes de soja (isoflavones) peuvent-ils revendiquer une action de protection antiostéoporose ?

Beaucoup de choses restent encore à apprendre et à confirmer sur ce sujet, comme nous le verrons.

Votre capital osseux

Nos os, notre squelette, sont la partie rigide, solide de notre corps. Songez que, sans squelette, nous n'aurions pas plus de consistance que certains mollusques qu'on voit échoués au bord de la plage. Grâce à nos os, les muscles qui s'y attachent peuvent jouer à plein leur rôle mobilisateur et nous permettre de vaquer à nos différentes occupations. Il est aussi de leur responsabilité de pouvoir encaisser un certain nombre de traumatismes. Bien sûr, lorsque le choc est violent, ils cassent – mais seulement dans des situations de traumatisme extrême.

L'ostéoporose (porosité de l'os) est une maladie extrêmement commune puisqu'elle touche près de 30 à 40 % des femmes qui vivent le dernier tiers de leur vie. Elle se caractérise par la fragilisation telle que les os cassent pour un oui ou pour un non. On imagine les conséquences dramatiques de ces fractures qui, de surcroît, sont de cicatrisation très aléatoire, contrairement aux fractures intervenues chez un sujet jeune.

Les premiers os touchés sont en général les dernières vertèbres lombaires qui, se tassant, s'imbriquent les unes dans les autres et provoquent une diminution évidente de la taille, des douleurs considérables, une difficulté croissante à marcher, à assumer les tâches les plus quotidiennes de la vie.

Les os du poignet deviennent, eux aussi, très fragiles au fur et à mesure de l'évolution de la maladie ; nombre de femmes se fracturent le poignet pour s'être simplement heurtées contre une table ou être tombées de leur hauteur.

Enfin, le col du fémur, la partie haute de cet os qui s'emboîte dans la hanche, est tristement célèbre.

Sa fracture est extrêmement fréquente. Et les chirurgiens ont beau faire des merveilles en posant des prothèses de plus en plus perfectionnées, beaucoup de femmes en mourront dans la mesure où cette fracture grave survient dans un moment de grande vulnérabilité – elle déséquilibre définitivement une situation de santé par ailleurs aléatoire.

Les symptômes de la maladie

Ne comptez sur aucun signe : il s'agit d'une maladie parfaitement silencieuse. Seules les douleurs provoquées par les fractures lorsqu'elles surviennent inaugurent officiellement l'entrée dans l'ostéoporose. Et c'est ainsi que les très fréquentes douleurs articulaires et musculaires ressenties au moment de la ménopause n'ont strictement aucun rapport avec le développement de l'ostéoporose (cf. p. 110).

Portrait robot de la « femme ostéoporosée »

Papa et maman ont transmis une hérédité défavorable : les femmes de la famille se cassent fréquemment et précocement. Ajoutez à cela qu'on a toujours beaucoup fumé (le tabac est un antiestrogène puissant ; or, ainsi que le nous verrons, les estrogènes sont des hormones de sauvegarde du capital osseux), qu'on rechigne à l'activité physique (la sédentarité est un facteur de risques non négligeable), qu'on est plutôt maigre (soit constitutionnellement, soit volontairement, en raison de régimes alimentaires plus ou moins sauvages), qu'on a connu, au cours de sa vie, un ou plusieurs longs épisodes d'absence de règles dus à un mauvais fonctionnement ovarien (anorexie mentale, trop de prolactine dans le sang, choc émotif ayant provoqué une longue absence de règles...), qu'on est de race blanche et qu'on n'a jamais beaucoup prisé le lait et les aliments dérivés du lait.

L'élément génétique est probablement le plus important à considérer. Vous accumulez tous les autres facteurs de risque que je viens d'énoncer ? Malgré cela, si vous avez bénéficié à la naissance de puissants « gènes antioestéporose », ceux-ci vous éviteront d'évoluer vers la maladie.

Le dépistage des femmes à risques

Les radios sont de piètre utilité. Quant aux symptômes, nous avons vu qu'ils n'existaient tout simplement pas. Enfin, le décompte des facteurs de risque accumulés reste pour le moins aléatoire.

Il existe un examen qui s'appelle l'ostéodensitométrie ou encore densitométrie osseuse ; c'est lui qui permet le dépistage. Vous êtes allongée sur un petit divan tandis qu'un tube à rayonnement X se déplace au-dessus de vous. On ne vous touche pas, on ne vous pique pas, on n'injecte aucun produit ; bref l'examen est totalement indolore. Il dure environ vingt minutes. Le rayonnement X que vous recevez n'est pas supérieur à celui d'une simple radio de poumons ! La machine explore trois endroits de votre squelette : les vertèbres lombaires, les os de l'avant-bras (cubitus et radius), le fémur dans sa partie supérieure, en particulier la fameuse zone fragile du col du fémur. Une fois les mesures prises, l'ordinateur de la machine fait ses comptes et compare vos données personnelles à celles de femmes de votre âge : c'est le Z score. Puis il les compare aux données moyennes de femmes de vingt-cinq ans : c'est le T score.

Si vous avez déjà subi une densitométrie osseuse, reportez-vous au chiffre de votre examen et regardez la colonne des T scores :

— de 0 à –1,5 DS (déviation standard) : vous n'avez pas de soucis actuels à vous faire.

— –1,5 à –2,5 DS : une certaine prévention s'impose.

— Vous avez atteint –2,5 DS, voire vous êtes encore plus basse (–3, –4...), vous êtes entrée de plain-pied dans la maladie de l'ostéoporose, même si vous n'avez pas encore affronté de fractures : un traitement de sauvegarde et de prévention actif et rapide s'impose. L'OMS (Organisation mondiale de la santé) définit la maladie « ostéoporose » d'après un T score ayant atteint –2,5 déviation standard.

Une remarque : l'ostéodensitométrie est un examen qui n'est pas remboursé par la Sécurité sociale pour des raisons qui nous semblent personnellement inacceptables ; cet état de fait entretient un grand nombre d'inconvénients, parmi lesquels la différence de qualité des rendus d'examens. En effet, les résultats sont loin d'être standardisés, les machines sont de performance souvent inégale, la moyenne des femmes à laquelle on compare les résultats est parfois inadaptée (par exemple on peut comparer vos résultats à ceux recueillis auprès des femmes américaines, qui n'ont pas forcément les mêmes caractéristiques osseuses que les Françaises). Cela entretient un grand désordre et vous fait comprendre qu'il est préférable que vous vous rendiez au centre d'examens désigné par votre médecin traitant plutôt qu'à celui du coin de la rue (a priori fort respectable mais qui n'a pas l'aval de votre médecin prescripteur). Un autre impératif : lorsqu'on répète les examens (si nécessaire à deux ans d'intervalle), il convient d'utiliser la même machine de manière que les résultats puissent être vraiment comparables.

Le rôle des hormones dans le développement de la maladie ostéoporose

Les estrogènes (aussi bien ceux qui sont fabriqués par les ovaires que ceux qui sont éventuellement prescrits sous forme médicamenteuse) sont les hormones clés de votre capital osseux. La carence durable en estrogènes (il faut certainement plusieurs années d'absence hormonale) est susceptible de favoriser la perte de substance de votre squelette qui, donc, se fragilise. Des récepteurs à estrogènes ont été trouvés au niveau du tissu osseux ; en se fixant sur ces récepteurs osseux, les hormones estrogènes encouragent le squelette à conserver sa dureté. Cela explique que de longues périodes d'insuffisance estrogénique (dues, par exemple, à un amaigrissement important, à un choc...) soient susceptibles de vous entraîner vers la décalcification caractéristique de l'ostéoporose. La ménopause, parce qu'elle est contemporaine d'une insuffisance chronique d'hormones estrogènes, est la situation la plus banalement responsable de la maladie ostéoporose. Encore faut-il savoir que la décalcification – lorsqu'elle est en marche – a une vitesse extrêmement lente : comptez sur 2 à 4 % /an maximum de perte osseuse pour les évolutions les plus rapides. Nombre de femmes, même si elles subissent le phénomène de façon régulière, connaissent des vitesses bien inférieures. On estime qu'une petite moitié d'entre vous, même si elles perdent de l'os de façon infime et régulière, n'auront pas le temps, même si elles vivent très âgées, de connaître une décalcification telle qu'elles fassent connaissance avec les fractures de l'ostéoporose.

Car c'est un fait : il ne faut pas imaginer, quoiqu'une grande proportion de femmes soit concernée, que toutes les femmes connaîtront un jour les fractures de l'ostéoporose.

Il existe par exemple des femmes d'une solidité exceptionnelle dont la densitométrie osseuse révélera qu'elles ont des os aussi solides sinon plus que les femmes âgées de vingt-cinq ans auxquelles on les compare. Ce petit groupe de femmes certes est restreint (3 %) mais il a le mérite d'exister et donc de relativiser les faits. Il me permet d'affirmer que nombre de femmes – même si elles ne veulent pas suivre de traitement hormonal substitutif ou si elles l'ont arrêté depuis longtemps – ne se dirigeront pas vers cette maladie.

Les phytoestrogènes semblent devoir jouer ici un rôle plutôt positif : s'il est certainement inconvenant de dire qu'ils ont les mêmes propriétés protectrices que les estrogènes classiques, beaucoup d'expériences, comme nous le verrons, leur attribuent des vertus potentielles de protection. L'ipriflavone (qui est un médicament puissant, synthétisé sur le modèle des phytoestrogènes – qui ne sont, eux, je vous le rappelle, que des compléments alimentaires) montre, comme nous le verrons ultérieurement, des propriétés antiostéoporose fort intéressantes.

Le rôle de la vitamine D et du calcium, pour mineur qu'il puisse paraître au regard de l'action des estrogènes, ne doit pas être négligé.

Le tabac :
l'ennemi de votre squelette

Parmi tous les méfaits du tabac (maladies cardio-vasculaires, cancers, agressions de la peau...) il faut ajouter l'ostéoporose. En effet, dans la multitude de substances chimiques inhalées lors d'une bouffée de cigarette, il y a un certain nombre d'éléments qui s'inscrivent comme de véritables destructeurs d'estrogènes. Les femmes qui fument vivent donc un déséquilibre hormonal chronique qui va dans le sens de la carence estrogénique. Comme il se trouve que les estrogènes sont les hormones clés de la protection osseuse contre la décalcification, on comprend que le tabagisme soit l'un des facteurs de risque les plus puissants de cette maladie, après l'hérédité.

Avoir des os solides :
une histoire de « clastes » et de « blastes »

Vous l'ignorez sans doute, mais notre squelette est l'objet d'une perpétuelle remise en question. Il y a tout d'abord les ostéoclastes, qui sont des cellules osseuses dont le but est littéralement de manger l'os. S'il n'y avait que des ostéoclastes dans notre tissu osseux, nous ne serions bientôt pas plus consistants qu'une simple méduse ! Fort heureusement, il y a aussi les cellules dites ostéoblastes : de braves cellules constructrices d'os... La solidité de notre squelette résulte donc du bon équilibre entre les ostéoclastes et les ostéoblastes. Ces cellules sont sous la dépendance d'un grand nombre de facteurs parmi lesquels certains ne sont pas hormonaux, tels que le calcium, la vitamine D, et d'autres hormonaux − ce sont les plus puissants − tels que les estrogènes ou encore la parathormone (une hormone fabriquée par les glandes parathyroïdes situées sur la glande thyroïde).

Imaginez que les ostéoclastes gagnent la partie, soit qu'ils soient devenus « les plus forts » soit, et cela revient au même, que les ostéoblastes soient devenus « plus faibles » : le squelette se dirige lentement mais sûrement vers l'ostéoporose et ses fractures.

Attention !
maladies cardio-vasculaires à l'horizon

Vous le savez sans doute, les femmes sont protégées de ces méchantes maladies jusqu'à la ménopause. Il est extrêmement rare qu'une femme de moins de cinquante ans ait, par exemple, un infarctus du myocarde − ce qui est malheureusement moins exceptionnel chez l'homme du même âge. Ce sont les estrogènes, hormones sexuelles fabriquées par les ovaires, qui vous protègent. Et même lorsque la ménopause est survenue, vous conservez cette protection environ pendant dix ans.

On l'ignore souvent, la cause de mortalité

numéro un des femmes est – tout comme chez l'homme – la faillite artérielle, soit cardiaque, soit cérébrale. Et lorsque l'on fait la comparaison, par exemple entre les décès par cancers du sein et ceux par maladie cardio-vasculaire, on est absolument confondu : le cancer du sein tue infiniment moins les femmes (jusqu'à dix à vingt fois moins selon les études) que le cœur ou le cerveau.

Le rôle des hormones estrogènes est aujourd'hui bien connu : la protection qu'elles exercent sur votre système artériel participe de plusieurs facteurs :

— les estrogènes régularisent le cholestérol en abaissant le cholestérol total, en diminuant le LDL (le mauvais cholestérol) et en augmentant le HDL (le bon cholestérol). Or l'hypercholestérolémie est un facteur de risque cardio-vasculaire important dans la mesure où une quantité excessive de graisse dans le sang contribue à boucher progressivement les artères et à provoquer ces tristement célèbres accidents cardiaques et cérébraux. On considère aujourd'hui que la protection apportée par les estrogènes en matière de cholestérol représente près de 30 % de leur action bénéfique dans ce contexte.

Mais d'où proviennent les 70 % de protection supplémentaires ?

— Nous le savons aujourd'hui, les estrogènes dilatent les vaisseaux sanguins. Ils leur permettent ainsi de faire circuler plus de sang et donc de se boucher beaucoup moins facilement. Cette action est largement bénéfique en ce qui concerne les artères (par exemple les coronaires du cœur ou les vaisseaux artériels du cerveau) mais explique aussi que les veines soient un peu plus dilatées lorsqu'il y a des estrogènes dans votre sang que lorsqu'il n'y en a plus. Ce dernier effet est évidemment plutôt négatif : une situation veineuse particulièrement détériorée a de fortes chances de s'améliorer (sinon de guérir, bien sûr) quand le corps est privé d'estrogènes.

De nombreuses études ont démontré que, si le calibre des artères se rétrécissait de façon importante une fois la ménopause réalisée, il pouvait s'élargir à nouveau sous l'effet d'un traitement hormonal substitutif estrogénique. Mais l'action bénéfique des estrogènes ne se résume pas, loin s'en faut, à une action sur le cholestérol et sur la dilatation des artères : ces hormones agissent aussi sur les parois internes des vaisseaux sanguins en les protégeant contre la fabrication des fameuses plaques d'athérosclérose, qui ont une fâcheuse tendance à boucher les vaisseaux.

D'autre part, j'ai déjà évoqué (cf. p. 117) la localisation androïde des graisses, c'est-à-dire la facilité avec laquelle la graisse peut se localiser sur le haut de votre corps (le ventre, le dos, les seins...) lorsque votre ménopause est déclarée et sans que vous ayez décidé d'adopter un traitement hormonal substitutif. Cette façon d'accumuler la graisse « comme un homme » représente, elle aussi, un facteur de risque cardio-vasculaire important : les acides gras qui s'échappent de cette masse graisseuse ont tendance à se diriger immédiatement vers les vaisseaux sanguins vulnérables tels que les coronaires ou les artères du cerveau et favorisent progressivement leur rétrécissement jusqu'à l'accident d'asphyxie qui en résultera lorsque le calibre aura été trop rétréci.

Ce qu'il faut retenir : Prendre de la graisse sur le ventre, évoluer vers l'ostéoporose, des accidents cardiaques ou cérébraux... voilà des situations qui vous épargnaient lorsque les hormones estrogènes circulaient librement dans votre organisme. La ménopause, parce qu'elle tarit la source d'hormones naturelles, vous dirige insensiblement vers des maladies classiques jusqu'ici réservées aux hommes – ostéoporose exceptée (l'homme est infiniment moins vulnérable à cette maladie que vous). L'absence d'estrogènes, la prépondérance de vos hormones mâles expliquent cette évolution.

La mise en route d'un traitement hormonal substitutif bien équilibré est susceptible d'enrayer ces évolutions. Mais, aujourd'hui encore, vous êtes plus d'une femme sur deux à ne pas adopter ce type de traitement, ce pour des raisons diverses que nous devons respecter. En effet, chacune d'entre vous doit pouvoir – après information sincère et complète – choisir sa propre hygiène de vie.

Les phytoestrogènes représentent-ils une alternative au traitement hormonal substitutif ?

Le moins que l'on puisse dire est que l'on manque cruellement de preuves scientifiques définitives pour répondre clairement à cette question. L'impression est que, si action positive des isoflavones il y a (et il y a), ces actions sont pour le moins aléatoires. Et, malgré les centaines de travaux expérimentaux et de publications consacrées chaque année aux isoflavones, les démonstrations scientifiques de leur action bénéfique restent encore fragiles et pour la plupart à l'état de présomptions – fortes mais présomptions tout de même. En contrepartie, les isoflavones de soja n'ont aujourd'hui

aucun effet secondaire connu ni aucune contre-indication. Le traitement hormonal substitutif, lui, a fait les preuves de ses multiples actions bénéfiques avec un minimum d'effets secondaires à la clé.
Voici donc le contexte dans lequel vous devez faire vos choix.

Les traitements hormonaux classiques de la ménopause

Les traitements hormonaux de la ménopause sont désormais désignés sous le sigle de THS (traitement hormonal substitutif). Vous remarquerez ici le mot « substitutif » : ces traitements ont pour ambition de se substituer à la sécrétion hormonale en provenance de vos ovaires, désormais tarie.
Le principe en est relativement simple : il convient d'administrer par voie médicamenteuse les estrogènes d'une part, et la progestérone ou les progestatifs (progestatifs = hormones proches de la progestérone) d'autre part. Les estrogènes sont disponibles sous quatre formes : les comprimés, les gels à appliquer sur la peau une fois par jour, les timbres cutanés (ou patchs) à changer une ou deux fois par semaine selon les modèles, les pulvérisations nasales quotidiennes. L'hormone estrogène administrée en France est, dans plus de 99 % des cas, le 17 bêta estradiol, c'est-à-dire une des principales hormones estrogènes fabriquées par vos ovaires, de la puberté jusqu'à la ménopause. On peut dire qu'il s'agit d'hormones « naturelles »

puisque ce 17 bêta estradiol est exactement (et non pas une copie plus ou moins conforme) *la* molécule estrogénique ovarienne humaine. On peut dire aussi qu'il s'agit d'estrogènes de synthèse puisque toutes ces hormones sont fabriquées sur le mode industriel. Cette fabrication vous garantit, d'ailleurs, la pureté des hormones administrées : pas de contamination virale ni autres prions possibles dans ces produits.

La progestérone ou les progestatifs sont administrés par voie orale : ce sont donc toujours – pour l'instant – des comprimés à avaler. La vraie progestérone, c'est-à-dire la molécule exacte d'hormones produites par vos ovaires mais fabriquée de façon industrielle, est disponible sous la forme de comprimés. Les progestatifs, eux, sont des « faux » mais néanmoins de fort bonne qualité, hormones de synthèse ressemblant plus ou moins à la molécule de progestérone originale. L'administration de progestérone ou de progestatifs est impérative lorsqu'on administre des estrogènes (mais pas l'inverse) afin de ne pas augmenter le risque de cancer de l'utérus. Il faut bien comprendre que c'est la seule utilité de la progestérone ou des progestatifs ; toutes les autres vertus positives du THS sont induites par les hormones estrogènes. Cela explique d'ailleurs que nous nous dispensons de prescrire la progestérone ou les progestatifs chez les femmes qui ont subi, pour une raison ou pour une autre, l'ablation de l'utérus : en l'absence d'un utérus à protéger, la progestérone est totalement inutile.

Les posologies d'estrogènes sont extrêmement variables selon les femmes ; le prescripteur doit savoir adapter son traitement à l'individualité de chaque patiente. La plupart des intolérances, effets secondaires, abandons du THS proviennent de traitements hormonaux dont la posologie estrogénique n'est pas exactement adaptée aux besoins de chacune.

De nombreuses femmes redoutent le retour des règles et se détournent du THS pour cette raison : obtenir une absence de règles malgré un THS, c'est possible dans plus de 80 % des cas, il suffit d'en faire la demande à son médecin [1].

Les avantages des traitements hormonaux

Ils sont importants. Nous distinguons trois sortes d'avantages :

— ils effacent de façon extrêmement rapide l'immense majorité des symptômes désagréables qui perturbent la qualité de vie de la plupart des femmes ménopausées ;

— ils s'opposent vigoureusement au développement « éventuel » de l'ostéoporose ;

— ils diminuent les risques cardio-vasculaires qui ne manquent pas d'assaillir progressivement les femmes ayant perdu leur protection naturelle en raison de leur ménopause ;

— ils diminuent (peut-être) quelque peu le risque de contracter un jour une maladie d'Alzheimer.

---

1. Je me suis largement exprimé sur les différentes modalités des traitements hormonaux substitutifs dans mon dernier ouvrage *50 ans, vive la vie !*, éditions Filipacchi, paru en 2000.

Les effets secondaires
des traitements hormonaux

Ils sont à l'origine de votre méfiance de principe et de nombreux abandons. Les plus célèbres et les plus fréquents sont de la famille des « gonflements » : gonflement du corps, des chevilles, du ventre, des cuisses, des seins (avec des douleurs qui vous inquiètent parce que vous pensez au cancer)... Ces symptômes sont parfaitement corrélés à la quantité d'estrogènes prescrite. Ils cèdent dans l'immense majorité des cas à la bonne adaptation du traitement.

La prise de poids est une de vos autres bêtes noires : le traitement serait susceptible de vous encourager un peu plus si possible à l'accumulation des kilos supplémentaires. Toutes les études dont nous disposons montrent que, non seulement, les femmes traitées sont un peu moins rondes que les femmes non traitées, mais qu'en prime elles permettent à leur graisse de rester localisée aux endroits féminins (localisation gynoïque, cf. p. 117), ce qui est un avantage en matière de prévention d'accident cardio-vasculaire et de cancer gynécologique.

Certes, il convient de dire ici aussi qu'un traitement surdosé en estrogènes est parfaitement capable de vous faire fabriquer quelques kilos de graisse et d'eau totalement incongrus. Ici aussi, l'adaptation du traitement doit permettre d'éviter l'incident.

Les saignements intempestifs, les règles hémorragiques, les douleurs et contractions utérines sont le plus souvent dues à une anomalie bénigne (polypes, fibromes intracavitaires, endométriose utérine... cf. p. 92) qu'il convient de soigner afin que le traitement hormonal substitutif ne provoque pas ces effets secondaires désagréables.

Un certain nombre de femmes (minoritaires) présentent des effets secondaires digestifs, de type nausée par exemple, en raison de l'intolérance gastrique aux estrogènes par voie orale (et parfois aussi en réponse à l'administration de la progestérone ou des progestatifs par voie orale). Ici aussi des solutions faciles et efficaces existent afin d'annuler ces effets secondaires [1].

Bref, la plupart des effets secondaires attribués à tort ou à raison aux THS sont susceptibles de trouver une solution adéquate dans l'adaptation des produits et des posologies administrées.

Les risques des traitements hormonaux

— L'augmentation hypothétique du risque de cancer du sein reste aujourd'hui *le* sujet polémique.

Les dernières études consacrées à ce sujet, effectuées aux États-Unis (avec des produits que nous n'utilisons pas et au cœur d'une population féminine dont le risque spontané de cancer du sein est très largement supérieur au nôtre), montrent que ce risque pourrait être augmenté d'environ de 20 à 40 % chez les utilisatrices de traitements hormonaux substitutifs. Mais réfléchissons ensemble, voulez-vous ? De 10 à 11 % des Françaises ont un can-

---

1. Pour plus de détails sur les différentes stratégies concernant les THS, cf. *50 ans, vive la vie !* aux éditions Filipacchi, édition 2000, du même auteur.

cer du sein au cours de leur vie. Et il faut se résigner à admettre que cette maladie est en pleine progression dans le monde industrialisé : 107 nouveaux cas pour 100 000 femmes actuellement contre... 70 en 1975 !

Comme toujours, quand on ne comprend pas un phénomène, on cherche d'urgence à trouver un ou plusieurs boucs émissaires : après les graisses alimentaires, le stress, la vie moderne, la pilule – cette fantastique révolution au service de l'émancipation des femmes – ... le traitement hormonal substitutif de la ménopause fait maintenant figure de coupable ! Voici quelques éléments de réponse à cette nouvelle accusation.

Tout d'abord il ne s'agit pas d'une augmentation de 20 à 40 % du nombre de cancers du sein chez les femmes traitées, mais d'une augmentation du risque : ce n'est pas du tout la même chose.

Il vous faut savoir qu'en épidémiologie (cette science inexacte qui tente de calculer des événements de santé à l'échelon d'une population) une augmentation du risque de 40 %... c'est vraiment très peu. Les auteurs d'une de ces études prétendument alarmantes, ayant trouvé des résultats comparables, ont décodé en chiffres cet hypothétique surrisque : ils ont calculé que les traitements hormonaux substitutifs pouvaient exposer à six cas supplémentaires de cancer du sein pour... mille femmes traitées pendant... dix ans (deux cas de plus en cinq ans et douze cas en quinze ans toujours pour mille femmes traitées) !

Bien sûr, il ne s'agit pas d'un risque zéro, mais cela permet de nous rassurer et de comprendre qu'une quelconque responsabilité de ces traitements est loin d'être sûre et que, si elle existe, elle se limiterait à quelques cas isolés.

Une très récente étude (2000) sur le même thème trouve des résultats comparables ; ses auteurs enfoncent le clou : ... « même avec un risque légèrement augmenté de cancers du sein..., la balance bénéfices-risques pencherait fortement dans le sens des bénéfices. Entre autres, en raison de la forte diminution du risque cardio-vasculaire. Nous avons calculé que, pour chaque cas de cancer du sein attribué au traitement, plus de six décès de cause cardio-vasculaire sont évités. De plus, la mortalité globale est substantiellement réduite chez les femmes traitées ! ».

À mon sens, deux notions essentielles sont à retenir :

Les estrogènes des traitements auraient plutôt un effet promoteur qu'initiateur du cancer du sein ; ils en augmenteraient la vitesse de croissance plutôt qu'ils en initieraient le développement. Par exemple, s'il est écrit dans la vie d'une femme qu'elle doit avoir un cancer du sein diagnostiqué en 2004, il est possible qu'avec un traitement hormonal de la ménopause ce diagnostic soit avancé à 2001. C'est peut-être d'ailleurs l'accélération et la précocité relative de ce diagnostic qui expliquent que les tumeurs sous traitement sont de bien meilleur pronostic que celles trouvées chez les femmes sans traitement (on note une meilleure survie, une moindre virulence, et les traitements nécessaires sont moins régressifs...). Parlons aussi de l'effet dépistage. Nous vous surveillons énormément ! Palpations régulières des seins lors des consultations bi-annuelles et mammographies (tous les deux ans et parfois plus fréquentes) sont parmi les règles essentielles de surveillance. On diagnostique peut-être un peu plus de cancers chez les femmes traitées car elles sont surveillées et non... parce qu'elles sont traitées ! Pour de nombreux épidémiologistes, ces effets promoteurs et de dépistage sont donc très capables d'expliquer à eux seuls les légères augmentations actuellement suggérées par les études.

La balance « bénéfices-risques » reste donc très en faveur du traitement. Qualité de vie retrouvée, longévité plus grande, protection contre l'ostéoporose, diminution du risque cardio-vasculaire et peut-être aussi du risque de maladie d'Alzheimer, voilà quelques valeurs sûres que le traitement hormonal vous promet. Bien entendu, à partir de ces éléments, à chacune de l'adopter ou non selon son individualité, ses besoins spécifiques, sa philosophie générale de la vie.

Le risque de thrombose veineuse

Nous parlons ici de la possibilité de développer un caillot sanguin qui, selon l'endroit veineux ou artériel qu'il bouche, produit des dégâts plus ou moins importants, voire met la vie en péril.

Il s'agit le plus souvent de phlébites des jambes ou encore d'embolies pulmonaires. Il n'est pas exclu, cependant, que les choses soient plus sérieuses encore avec la survenue d'un accident vasculaire cérébral entraînant des troubles neurologiques plus ou moins graves tels qu'une hémiplégie.

D'ordinaire, ces accidents ne surviennent pas chez n'importe qui : il faut en général accumuler un ou plusieurs des facteurs de risque :

— avoir déjà présenté un accident du même type lors d'une grossesse, ou encore, événement plus révélateur encore – sous pilule contraceptive ;

— être tabagique, obèse, hypertendue ;

— être hypercholestérolémique et/ou hypertri-glycéridémique.

Bien entendu, ces anomalies des graisses sanguines ne sont pas en elles-mêmes une contradiction au traitement mais, lorsqu'elles s'inscrivent dans un contexte général de détérioration de votre santé avec les autres facteurs de risques il faut en tenir compte.

Ainsi, dans des conditions particulières, le traitement hormonal substitutif est susceptible d'augmenter votre risque de caillots sanguins. Chaque fois que le médecin prescripteur a un doute, il doit faire une analyse précise de vos principaux axes veineux (et éventuellement artériels) : le doppler est l'examen préconisé. Mais ce n'est pas tout : il peut être intéressant de rechercher d'éventuelles anomalies génétiques parmi vos facteurs sanguins de coagulation. Il existe, en effet, dans certaines familles, une forme de prédisposition aux accidents de thrombose. L'examen est simple : il s'agit d'une prise de sang.

En conclusion, et selon les résultats du bilan complet, le médecin agira ainsi : soit il récusera définitivement l'idée d'un THS en raison d'un risque trop augmenté d'accident de thrombose dont il ne peut à l'avance prédire la gravité ; soit il autorisera prudemment le THS mais prescrira des estrogènes à prendre par voie cutanée ou nasale (les formes orales peuvent avoir une influence très minime sur les facteurs de coagulation des femmes prédisposées), soit il prescrira sans aucune arrière-pensée un THS, sans s'astreindre nécessairement à l'utilisation des formes non orales d'estrogénothérapie.

Les études épidémiologiques font état d'une augmentation (qui reste néanmoins exceptionnelle) du risque de thrombose veineuse sous THS.

Les traitements non hormonaux de la ménopause (en dehors des phytoestrogènes)

Contre les bouffées de chaleur

Deux spécialités : Agreal® et Abufène®. Ces médicaments marchent plus ou moins, et de façon bien plus modeste que les estrogènes pris sous forme médicamenteuse.

Une réflexion toute personnelle : Agréal® est un médicament souvent prescrit en cas de contre-indication définitive aux estrogènes – antécédents de cancer du sein. Il faut préciser que ce médicament déjà ancien n'a bénéficié d'aucune étude de sécurité sérieuse quant à son innocuité dans ce contexte. Qui plus est, dans la mesure où il a un impact cérébral sur l'hypophyse, il induit, chez nombre d'utilisatrices, une augmentation d'une hormone nommée prolactine dont la mission principale est, lors de l'accouchement, de déclencher puis d'entretenir la montée laiteuse. Cette hyperprolactinémie induite par ce médicament n'a peut-être aucun effet défavorable sur un ancien cancer du sein, a même peut-être – qui sait ? – un effet favorable, ou n'a peut-être aucun effet particulier. Mais la désinvolture avec laquelle on le prescrit à d'anciennes cancéreuses du sein, alors qu'on leur chipote de façon extraordinairement précaution-neuse les estrogènes (voire, pour certaines, les phy-toestrogènes de soja) a de quoi surprendre.

Contre la sécheresse vaginale

— Il s'agit le plus souvent de crèmes, de gélules, d'ovules, à base d'estrogènes que l'on place dans le vagin, trois à sept fois par semaine. Ces médica-ments ne passent pas dans la circulation générale et n'ont donc qu'une action purement locale. Loin d'être aussi efficaces que le THS, ils n'en demeu-rent pas moins une solution de remplacement pour ce symptôme particulier. On les utilise aussi en cas de fuites urinaires avec un certain succès.

— Enfin l'utilisation de lubrifiants vendus en pharmacie (Try®, Sensilube®, Premicia®... vendus sans ordonnance), à mettre en place au moment des rapports, peut vous apporter quelque confort bon à prendre même s'il ne s'agit pas là d'une solu-tion miracle.

Contre l'ostéoporose

Nous disposons de moyens tout aussi efficaces que le traitement hormonal substitutif. Nous les utilisons souvent en cas de contre-indication au THS, voire en association avec lui lorsque la situa-tion est suffisamment sérieuse pour envisager une action vigoureuse.

Ce sont :

— le calcium et la vitamine D : de très nombreuses spécialités sont à disposition ;

— les biphosphonates (Didronel 400® ou Fosamax® et d'autres à venir) : ces deux médicaments ont un excellent pouvoir de prévention et d'arrêt de la maladie ostéoporose ;

— le raloxifène (Evista®) : il s'agit d'une « antihormone estrogène » faisant partie de la famille des SERM (*Selective Estrogens Receptors Modulators*, cf. p. 14). Je rappelle que les SERM sont des molécules hormonales qui agissent soit exactement comme les estrogènes, soit de façon diamétralement opposée – selon les récepteurs du corps auxquels ils se lient. Les phytoestrogènes de soja sont en quelque sorte, de mon point de vue, des « SERM naturels » puisque eux aussi ont, selon les récepteurs du corps humain auxquels ils s'attachent, des actions estrogéniques pures ou, au contraire, anti-estrogéniques pures.

Le raloxifène se comporte donc comme un estrogène au niveau du squelette : il stoppe la décalcification et encourage même certaines reconstructions osseuses (tout comme le THS). Mais il se comporte comme un antiestrogènes strict en ce qui concerne l'utérus (il ne fait pas pousser de muqueuse utérine à l'intérieur de la cavité utérine) et surtout les seins, dont il verrouille – ou endort – les cellules, au contraire des estrogènes dont on sait l'effet stimulateur. Une grande étude randomisée contre placebo (la seule technique valable d'étude épidémiologique vraiment convaincante à ce jour) nous montre une diminution intéressante du nombre de cancers du sein survenant chez les femmes prenant Evista® par comparaison avec celles qui absorbent un placebo.

Malheureusement, ce produit n'a pas d'effet positif sur les autres symptômes conditionnant la qualité de vie et au mieux n'a pas d'impact potentialisateur sur des troubles tels que les bouffées de chaleur, les suées...

Pour la peau

Nous regrettons fortement la disparition de l'ancienne formule de la crème Fadiamone® qui était une association d'estrogènes et d'hormones mâles (« un peu » d'hormones mâles stimule de façon remarquable l'épaisseur et l'éclat de la peau). Nous voici donc aujourd'hui orphelins de médicaments cutanés hormonaux dans cette indication. Restent tous les produits proposés par l'industrie de la cosmétologie. Il y en a d'excellents. Les dermatologues qui ne boudent pas cette partie de leur spécialité sont mes meilleurs conseils dans ce contexte.

La vitamine A acide sous forme de crème (par exemple Retina®, Retitop®...) agit contre la formation des rides et impose à la peau une certaine régénération permanente (moins de rides, moins de taches...) Attention, ces produits sont d'un maniement plus délicat que les habituelles crèmes cosmétiques. Il s'agit de médicaments à vous faire prescrire par votre dermatologue, votre gynécologue ou votre médecin traitant.

Pour le « moral »

Vous les connaissez – je ne m'étendrai pas : anxiolytiques (médicaments contre l'angoisse), antidépresseurs (médicaments contre la dépression), somnifères (médicaments contre l'insomnie).

Contre les douleurs articulaires

Ce sont les anti-inflammatoires, les infiltrations d'anesthésique ou de corticoïde dans les articulations douloureuses.

Les avantages
des traitements non hormonaux

La plupart sont dénués d'effets positifs stimulants sur les seins ou sur l'utérus ou encore sur la coagulation sanguine – les trois postes sur lesquels le THS a éventuellement un effet indésirable. Encore faut-il savoir qu'ils ne sont pas forcément dénués d'effets secondaires, voire d'incidents ou d'accidents : les anti-inflammatoires, par exemple, peuvent provoquer d'authentiques hémorragies gastriques en créant ou en réanimant un vieil ulcère méconnu. Les médicaments contre l'angoisse, la dépression ou l'insomnie ne sont pas anodins.

Les inconvénients
des traitements non hormonaux

Mis à part les traitements alternatifs au THS pour lutter contre l'ostéoporose, il faut constater que la portée de ces solutions thérapeutiques reste modeste : elle s'adresse aux symptômes et non à la cause. Il n'en reste pas moins que leur utilisation bien pensée peut rendre de bons services et améliorer le confort quotidien de votre vie.

De l'usage des phytoestrogènes pendant la ménopause

Comme nous l'avons vu, en France, une femme intéressée sur deux décide de ne pas adopter de traitement hormonal substitutif. Dans l'immense majorité des cas, la raison de cette décision ne provient pas d'une contre-indication mais plutôt d'une méfiance ou d'une philosophie personnelle respectueuse des événements physiologiques.

Je suis, vous le savez sans doute, un médecin enthousiaste en matière d'hormonothérapie de la ménopause – je l'ai obstinément exprimé au fil des années ici et là. J'y ai consacré plusieurs livres. Au début des années 80, il s'agissait – comme ce fut le cas pour la contraception – d'une sorte de croisade, avec tous les excès que ce genre de démarches peut comporter.

Le temps est venu que l'information circule et que chacune choisisse en fonction de ses propres critères. Un pacte de paix peut enfin être signé ; la réconciliation entre « les femmes qui veulent » et « celles qui ne veulent pas » un THS peut être envisagée. Car il est vrai, aussi, que le nombre d'alternatives au THS s'est largement enrichi, en particulier en ce qui concerne la protection osseuse : nous disposons aujourd'hui d'autres remèdes aussi puissants que l'estrogénothérapie pour éviter d'aller jusqu'aux fractures caractéristiques de cette maladie.

Nous avons vu aussi que les raisons de se diriger vers un THS sont extrêmement variables d'une femme à l'autre : telle femme en a besoin pour soulager de méchantes douleurs articulaires et des insomnies rebelles, telle autre encore pour pouvoir continuer de mener une vie sexuelle harmonieuse, telle autre pour enrayer l'évolution de son squelette vers l'ostéoporose... Et s'il est vrai que le THS représente la clé passe-partout de ces différentes problématiques, il est parfois possible, aujourd'hui, tout en restant en éveil, d'adopter d'autres stratégies.

Les phytoestrogènes (isoflavones de soja) représentent aujourd'hui une de celles-ci.

Mais attention, comme toujours, il s'agit de disposer ici de la bonne information, de ne pas se laisser leurrer par de fausses promesses : que n'a-t-on dit des phytoestrogènes ! D'une part, ils seraient la panacée de tous les problèmes de vieillissement et de ménopause. D'autre part, ils ne seraient que des placebos et des molécules sans intérêt, une nouvelle manière d'entretenir le commerce ! La vérité se trouve, comme souvent en ce domaine, entre ces deux extrêmes. Le soja et ses composés, les isoflavones, ont des effets soit prouvés soit soupçonnés. Les voici :

Les bouffées de chaleur et les suées

C'est certainement là que nous avons le plus de certitudes quant à l'efficacité des isoflavones. De nombreuses études randomisées contre placebo (je vous rappelle qu'il s'agit ici d'une technique d'étude irréprochable) montrent que l'ingestion d'isoflavones de soja réduit de façon significative le nombre et l'intensité des bouffées de chaleur.

Ainsi, par exemple, dans une étude réalisée chez des femmes ménopausées, le docteur Murkies et ses collaborateurs ont noté une diminution de 40 % des bouffées de chaleur. Ces femmes avaient été choisies pour cette étude précise parce que souffrant d'au moins quatorze bouffées de chaleur par jour ! L'étude a été réalisée par une administration de farine de soja. Celles qui étaient sous placebo recevaient de la farine de blé.

Bouffées de chaleur et phytoestrogènes de soja : une étude randomisée en double aveugle contre placebo de plus

C'est le docteur G. Scambia, du département de gynécologie osbtétrique de l'université catholique du Sacré-Cœur à Rome, qui a mené cette étude (une des plus récentes réalisées sur ce sujet). Il l'a publiée dans la revue scientifique *Ménopause* en mars-avril 2000.

Ce médecin et son équipe ont donné à des femmes soit 50 mg d'isoflavones par jour (extraits de soja) soit un placebo pendant six semaines. Puis, pendant les six semaines suivantes, ils ont donné à *toutes* les femmes, en plus des isoflavones ou du placebo, des estrogènes sous forme médicamenteuse (Prémarin® 0,625) ; durant les deux dernières

---

semaines, ceux-ci étaient accompagnés d'hormones progestatives également sous forme médicamenteuse comme il se doit lorsque l'on prescrit des estrogènes classiques). Le docteur Scambia confirme ici ce que de nombreuses autres études de même méthodologie parfaitement respectables avaient démontré : la sévérité et le nombre des bouffées de chaleur furent considérablement diminués chez les femmes qui absorbaient les vrais isoflavones de soja au cours des six premières semaines de l'expérience. Bien entendu, dès l'administration des estrogènes médicamenteux (au cours des six dernières semaines de l'expérience), les bouffées de chaleur diminuèrent encore beaucoup, tant dans le groupe placebo que dans le groupe isoflavones de soja.

Le docteur Paola Albertazzi a réalisé une autre étude très célèbre (elle aussi randomisée contre placebo) qui a duré douze semaines. Elle a ainsi réussi à démontrer une diminution de 45 % de l'intensité et du nombre des bouffées de chaleur chez des femmes qui recevaient 76 mg d'isoflavones sous la forme de farine de soja.

Une étude française récente, dont les résultats nous furent donnés à Nice au congrès de mai 2000 consacré aux Journées de gynécologie de la Côte d'Azur, démontre une efficacité de 70 % avec 75 mg d'isoflavones par jour sous forme de compléments alimentaires. Il s'agissait là aussi d'une étude randomisée contre placebo.

Je pourrais ici faire état d'autres nombreuses études allant dans le même sens.

Un fait est aujourd'hui admis sur le plan scientifique : les isoflavones de soja sont capables de soulager en partie les symptômes de bouffées de chaleur et de suées des femmes ménopausées.

Certes, les isoflavones sont moitié moins puissantes à résoudre ces symptômes que le THS : nous obtenons en général entre 80 et 90 %, voire 100 % pour certaines études de sédation des bouffées de chaleur.

Il n'en reste pas moins que les phytoestrogènes ont désormais une place scientifique officielle parmi les moyens de soulager ce symptôme.

Et les arguments dans ce sens n'ont cessé de s'accumuler.

Déjà, au Congrès mondial sur la ménopause qui se tenait à Bangkok en 1990, affluait un nombre considérable d'observations et d'études allant dans le même sens. Puis en 1993 à Stokholm, en 1996 à Sydney (les congrès mondiaux sur la ménopause se tiennent tous les trois ans), nous allions de confirmation en confirmation.

Je vous donne enfin ici les données recueillies au Congrès mondial sur la ménopause de 1999 qui s'est tenu à Yokohama, au Japon (octobre 1999) :

— Nous avons écouté avec attention la communication du docteur Arturo R. Jerri, un médecin péruvien. Il s'agissait d'une étude en double aveugle (ni le médecin ni la femme ne sait si le produit utilisé est le produit actif ou le placebo) randomisée contre placebo. Trente femmes ménopausées ont participé à l'étude, ayant reçu un placebo ou l'équivalent de 80 mg d'isoflavones de soja par jour à partir d'une préparation extraite de trèfle rouge.

Quinze femmes ont donc absorbé pendant quatre mois cette préparation végétale tandis que les quinze autres prenaient un placebo. Elles avaient toutes moins de soixante ans, étaient en excellente santé et ménopausées depuis au moins un an. Les résultats sont ici très positifs : les médecins péruviens ont constaté une diminution de 75 % des bouffées de chaleur : avant le traitement, les femmes étudiées avaient en moyenne sept bouffées de chaleur par vingt-quatre heures. Après le traitement, elles n'en avaient plus que... trois.

— Nachtigall, de New York (États-Unis) a testé la même préparation de trèfle rouge auprès de vingt-cinq femmes ménopausées souffrant de bouffées de chaleur. Cependant, il ne s'agit pas ici d'une étude randomisée contre placebo. Les auteurs trouvent une efficacité de 56 % (d'une moyenne de 7,7 bouffées de chaleur par vingt-quatre heures, les femmes absorbant l'équivalent de 80 mg d'isoflavones sont passées, sur une durée de deux à trois mois, à une moyenne de 3,2 bouffées de chaleur par jour).

La moyenne de l'intensité de ces bouffées de chaleur a été aussi calculée : elle s'est révélée très diminuée dès le deuxième mois de traitement.

— Le docteur E. Liske (Allemagne) a présenté une étude randomisée en double aveugle ayant porté sur plus d'une centaine de femmes, pendant une période de trois à six mois. Le score de Kuppermann (dont l'importance évalue la diminution de la qualité de la vie chez les femmes ménopausées) est passé de trente et un au début de l'étude à... sept à la fin de l'étude. Les auteurs notent que l'amélioration des symptômes survient dès la fin de la deuxième semaine. Le produit utilisé était ici le Cimicifuga racemosa. Il s'agit d'un précurseur de la génistéine (cf. p. 25) dont le principe actif porte le nom formonectine.

Enfin, le docteur Y. Somekawa (Japon) a sélectionné 287 Japonaises ménopausées (dont l'âge moyen était de cinquante-cinq ans), chez lesquelles il a cherché une relation entre la consommation d'aliments à base de soja et l'intensité des symptômes de ménopause. Après avoir analysé les habitudes alimentaires de chacune d'entre elles, il a déterminé deux groupes : celles qui étaient les « consommatrices de soja les plus modestes », et celles qui étaient les « plus fortes consommatrices de soja ». Les constatations sont ici aussi sans équivoque : les symptômes de ménopause sont beaucoup moins marqués chez les femmes qui consomment beaucoup de soja que chez celles qui font de cette plante une utilisation plus aléatoire. Dans cette étude, c'est le tofu (cf. p. 27) qui représentait la source d'isoflavones de soja la plus importante.

Nul doute que le prochain congrès mondial sur la ménopause qui se tiendra à Berlin en octobre 2002 apportera lui aussi sa moisson de preuves consolidant encore, si besoin était, la notion d'efficacité des isoflavones sur le symptôme « bouffées de chaleur-suées ».

Le docteur H. Adlercreutz et ses collaborateurs avaient déjà mis en évidence en 1990 que la quantité d'isoflavones retrouvée dans les urines de femmes japonaises ménopausées ne se plaignant pas de bouffées de chaleur était de dix à mille fois supérieure à celle des femmes américaines. Dans la même étude, les Américaines recevant une supplémentation quotidienne de farine de soja constataient une réduction de 40 % de leurs bouffées de chaleur.

Les phytohormones et les rats

(Congrès de la Société européenne de gynécologie, novembre 1997.)

Une expérimentation a mis en évidence que, lorsqu'on administrait du cimicifuga (un composé végétal précurseur de la génistéine) à des rats, on obtenait une baisse importante du taux de l'hormone LH d'origine hypophysaire. Cette hormone LH est impliquée – entre autres facteurs – dans le mécanisme des bouffées de chaleur et des suées.

Cancer du sein : tamoxifène + isoflavones de soja ?

Une très récente étude publiée en mars 2000 semble nier aux phytoestrogènes de soja la possibilité de diminuer le nombre de bouffées de chaleur ou de suées chez des femmes ménopausées ayant eu un cancer du sein dans leurs antécédents.

Cette étude a fait grand bruit car elle est de technologie particulièrement fiable (il s'agit d'une étude randomisée en double aveugle contre placebo). Cent cinquante-cinq femmes ont donc reçu 150 mg d'isoflavones de soja

---

par jour ou du placebo. Les comprimés contenaient 40 à 45 % de génistéine, 40 à 45 % de daidzéine et 10 à 20 % de glycitéine. Or les résultats de l'étude sont décevants : il ne fut trouvé aucune différence dans les bouffées de chaleur ou les suées des femmes absorbant les isoflavones de soja ou le placebo.

Oui, mais... Il faut savoir que les deux tiers environ des femmes ayant participé à l'étude continuaient d'absorber des comprimés de tamoxifène, qui est un traitement antiestrogénique classique prescrit aux femmes ayant eu un cancer du sein pour diminuer la possibilité de récidives. Le tamoxifène fait partie de la famille des SERM (cf. p. 14). Il diminue de façon certaine la possibilité d'une récidive de cancer. Mais il agit en général de façon plutôt stimulante sur... les bouffées de chaleur.

Il me semble donc que cette étude ne démontre rien. La seule conclusion qu'elle nous paraît apporter est que les isoflavones de soja ne sont pas capables de diminuer le nombre de bouffées de chaleur des femmes, anciennes cancéreuses du sein et recevant du tamoxifène.

Les règles

Certes, les phytoestrogènes sont des estrogènes mais nous savons qu'ils se comportent parfois de façon diamétralement opposée à ceux-ci. C'est cela qui fait leur originalité. Il se trouve que les isoflavones de soja n'ont strictement aucun effet sur la muqueuse utérine : ils ne la font pas pousser, ils ne la stimulent pas, ils sont incapables même de « faire vivre », hormonalement parlant, l'ensemble de l'utérus. C'est la raison pour laquelle il n'y a jamais de règles chez les femmes ménopausées qui n'absorbent que des isoflavones de soja ou des phytoestrogènes en général. C'est la raison pour laquelle, aussi, les fibromes, l'endométriose, toute maladie bénigne de l'utérus restent dans le même état, celui « d'hibernation » totale sous isoflavones de soja comme cela eût été le cas en l'absence de tout traitement hormonal classique.

Cela vous explique qu'il ne faut pas compter retrouver des règles après absorption de phytoestrogènes : la muqueuse utérine restant totalement atrophique, elle n'a aucune raison de desquamer au bout de quelques semaines. Les phytoestrogènes, sur ce point, rappellent la fameuse publicité qui disait, à peu près : « Cela ressemble à l'alcool, cela a le goût de l'alcool, mais... ce n'est pas de l'alcool. »

La sécheresse vaginale et l'appétit sexuel

La muqueuse vaginale, pour rester apte à lubrifier et à garder sa souplesse, a besoin d'estrogènes. C'est la raison pour laquelle la sécheresse vaginale est un symptôme courant chez les femmes ménopausées n'ayant pas adopté un THS. Courant, oui, mais pas obligatoire : certaines femmes gardent sans THS un vagin parfaitement souple, apte à la sexualité.

L'action des phytoestrogènes sur la muqueuse vaginale reste incertaine mais elle est de toute façon faible – tout au moins aux doses d'isofla-vones habituellement ingérées, c'est-à-dire entre 50 mg (200 mg au maximum dans certaines parties du Japon).

De nombreuses études ont eu lieu en laboratoire sur des animaux et *in vivo* sur des femmes. Leur principe est particulièrement simple. On étudie au microscope les cellules vaginales avant l'ingestion des isoflavones puis à nouveau, quelques semaines ou quelques mois plus tard (nous connaissons bien les caractéristiques cellulaires de la muqueuse vagi-nale atrophique ou non trophique).

Certaines études ne trouvent strictement aucune différence avant et après traitement. D'autres sem-blent trouver une différence mais celle-ci reste, disons-le, modeste. De toute façon, les résultats obtenus n'égalent jamais totalement ceux induits par l'application locale d'estrogènes médicamen-teux sous quelque forme que ce soit (crème, ovules, gélules...). Les différences apparemment contradictoires qui existent entre les diverses études réalisées semblent devoir être expliquées par le fait que les quantités d'isoflavones de soja administrées n'étaient pas strictement compa-rables.

Au dernier Congrès mondial sur la ménopause qui s'est tenu à Yokohama en octobre 1999, de nombreuses communications traitèrent de ce point précis.

Ainsi, le docteur T. Uesugi (Japon) a relaté une étude randomisée en double aveugle ayant porté auprès de vingt et une Japonaises ménopausées. Ces femmes reçurent soit du placebo ou deux gélules d'isoflavones de soja (30,9 mg par gélule) chaque jour. Un frottis vaginal fut réalisé avant et à la fin de l'expérience, au bout de trois mois. Les cellules vaginales des femmes qui avaient reçu les isoflavones étaient beaucoup moins atrophiques que celles qui n'avaient reçu que le placebo.

Le docteur E. Lisk (Allemagne), dans une étude randomisée en double aveugle contre placebo réalisée sur une durée de six mois auprès de cent patientes, ne trouve, lui, strictement aucune différence entre les cellules vaginales des femmes ayant reçu des phytoestrogènes (administrées sous forme de Cimicifuga racemosa) et celles ayant absorbé le placebo.

Trois ans auparavant, au Congrès mondial sur la ménopause qui s'est tenu à Sydney, en octobre 1996, un chercheur a présenté une étude tout à fait intéressante sur le sujet : il avait pris le parti de modifier l'alimentation quotidienne d'un groupe de femmes américaines. Celles-ci avaient été invitées à consommer 40 % de leur ration calorique quotidienne sous la forme de produits issus du soja. Aucune modification des cellules vaginales n'avait pu être notée à la fin de l'expérience. Il semble donc que le vagin et ses parois soient une cible peu pertinente pour les isoflavones de soja même si leur effet ne semble pas nul.

Enfin, il n'existe à ma connaissance aucun travail sérieux autour de l'impact éventuel des isoflavones de soja sur l'appétit sexuel, c'est-à-dire la libido. Nous avons vu, page 98, que si les estrogènes sont une des deux hormones fondamentales au maintien de la libido, ce sont les hormones mâles, les androgènes, qui en sont, en fait, les hormones clés.

Si l'on devait un jour déceler une amélioration de la libido après absorption d'isoflavones de soja, ce serait sans doute en raison d'une action indirecte, grâce à la diminution des bouffées de chaleur et à la restitution de la qualité de vie.

Mais les isoflavones de soja n'ont peut-être pas dit leur dernier mot : nous le verrons, on leur attribue déjà un certain nombre d'actions directes sur le cerveau qui, comme chacun sait, est le siège de nos émotions et en particulier de nos appétits.

Le vieillissement cutané

Les responsables du vieillissement cutané féminin sont multiples. Le plus digne d'intérêt est certainement la donne génétique : si papa et maman vous ont légué une belle peau, vous avez tiré la carte maîtresse. Les autres facteurs, certes moins importants, n'en sont pas moins réels. Il en va ainsi de l'exposition solaire : trop de soleil use prématurément la peau. De même que le tabagisme : le tabac accentue les rides, rend le teint moins éclatant (par resserrement des microvaisseaux superficiels de l'épiderme), asphyxie littéralement la peau.

Les facteurs hormonaux sont également décisifs. Pour avoir une jolie peau, c'est-à-dire épaisse, bien hydratée, élastique, bien irriguée par la circulation sanguine et de pilosité minimale, il faut bénéficier d'un savant équilibre hormonal impliquant, entre autres, les hormones estrogènes, la progestérone et les hormones mâles.

À la ménopause, les estrogènes et la progestérone ont disparu tandis que les hormones mâles accentuent leur action : c'est la raison de cette éventuelle hyperpilosité, de cette acné qui refont éventuellement surface.

Il faut compter bien sûr aussi sur les fameux radicaux libres (cf. p. 59) qui se font un plaisir d'attaquer les cellules de la peau et d'en dégrader les membranes, voire les noyaux (siège du « trésor génétique ») sous l'effet du soleil, mais aussi du froid, du tabac... et surtout du vieillissement naturel.

Les phytoestrogènes ont démontré leur action antiradicalaire grâce à de multiples travaux effectués en laboratoire. Une étude tentant d'évaluer l'efficacité de la nouvelle formule de Fadigmone® (il s'agit maintenant d'une crème à base d'extraits de soja, de Centella Asiatica) s'est révélée avoir une action anti-inflammatoire appréciable. Or l'inflammation est un élément important dans le vieillissement de la peau. Tout ce qu'on peut dire aujourd'hui, c'est que les résultats préliminaires de cet extrait de soja en application locale ont un effet à la fois anti-inflammatoire et antioxydant.

Voir aussi page 35 la crème Evestrel®.

Les trous de mémoire, les troubles de la concentration, la déprime, l'insomnie

Il est probable que l'insomnie est améliorée par la diminution du nombre et de l'intensité des bouffées de chaleur (qui sont parmi les facteurs dégradants de la qualité du sommeil). En revanche, nous devons dire ici que nous ne disposons d'aucune étude humaine intéressante qui pourrait nous encourager à penser que les autres symptômes ressentis par nombre de femmes ménopausées non hormonalement traitées (les trous de mémoire, les troubles de la concentration, la déprime) pourraient être améliorés par l'administration d'isoflavones de soja.

Cependant, de nombreux arguments de laboratoire, d'expérimentations *in vitro* (par exemple sur des cellules cérébrales) semblent indiquer que les phytoestrogènes ont une action bénéfique sur le fonctionnement des neurones cérébraux. À suivre.

Les douleurs articulaires et musculaires

Nous ne disposons d'aucune étude scientifique portant sur l'effet éventuel des isoflavones de soja sur le cartilage articulaire (siège de l'arthrose) ou sur la qualité des muscles. Rappelons ici les faits quasi magiques fréquemment observés sur ces symptômes lors de l'administration d'hormones estrogènes sous forme médicamenteuse.

Les fuites urinaires

La vessie est un organe éminemment sensible aux hormones estrogènes. Tout comme les autres organes du corps, elle est munie de très nombreux récepteurs qui, selon la théorie de la clé et de la serrure, lui permettent, lorsqu'elle reçoit sa quantité estrogénique normale, de maintenir un bon tonus musculaire au niveau de son sphincter – ce qui l'autorise à se laisser remplir passivement par une quantité respectable d'urine. Sans estrogènes, ces récepteurs étant « orphelins », elle a tendance à déclencher des envies d'uriner fréquentes et impérieuses, tandis que le sphincter urinaire devient moins puissant. Les hormones estrogènes (naturelles, produites par l'organisme, ou sous forme médicamenteuse) ont démontré leur efficacité à ce sujet. Les phytoestrogènes de soja ont peut-être une action bénéfique mais elle reste à démontrer.

Estrogènes et phytoestrogènes, ce n'est pas la même chose !

• Les estrogènes sont fabriqués par les ovaires ou de façon industrielle lorsqu'ils sont délivrés en médicaments. Trois grandes molécules se distinguent : l'estrone (E1), l'estradiol (E2), l'estriol (E3).

Ce sont l'estradiol et l'estrone qui sont les plus salutaires à la santé. Dans le traitement hormonal substitutif, nous utilisons surtout l'estradiol (E2). Ces hormones n'ont pas toutes les mêmes actions ; ainsi l'estriol (E3) est parfaitement capable de soulager les bouffées de chaleur, de restituer aux parois vaginales souplesse et lubrification, mais n'a strictement aucune action intéressante sur le squelette et ne peut donc prétendre prévenir l'ostéoporose.

• Les phytoestrogènes sont des molécules végétales qui doivent, avant de se retrouver sous une forme active (génistéine et daidzéine), subir une transformation rendue possible par les bactéries intestinales.

Les estrogènes classiques (ovariens ou médicamenteux) actionnent principalement des récepteurs (des serrures disséminées dans tout l'organisme) de type alpha ou de type I.

Les phytoestrogènes, eux, se lient à des récepteurs à estrogènes différents : les récepteurs de type bêta ou de type II.

Cela ne veut pas dire que l'estradiol ne se

fixe pas lui aussi sur les récepteurs de type bêta ou de type II : nous pensons que les phytoestrogènes peuvent contrarier, inhiber, empêcher l'action des estrogènes en « squattant » délibérément tous les récepteurs de type bêta et de type II – ils empêchent, par exemple, l'estradiol d'y pénétrer, et donc d'y jouer son rôle.

C'est ainsi qu'on explique une partie de l'action protectrice des phytoestrogènes contre celle des estrogènes. Partout où, dans le corps, il y a plus de récepteurs bêta que de récepteurs alpha, les phytoestrogènes se ruent sur eux au détriment des estrogènes classiques. Je rappelle ici que les récepteurs alpha et bêta aux estrogènes sont omniprésents dans le corps féminin : les phytoestrogènes revendiquent donc des actions (pro- ou anti-estrogènes) sur des organes aussi divers que l'utérus, le vagin, les seins, la peau, le cerveau, les os du squelette, le métabolisme des graisses sanguines...

7

Maladies du cœur et des artères : ce que peuvent faire les phytoestrogènes de soja

Il y a longtemps déjà que l'effet des phytoestrogènes, en particulier des isoflavones de soja, sur la prévention des maladies cardio-vasculaires, est supposé être bénéfique. Je rappelle que les médecins accordent une attention toute particulière à ce risque, qui menace au premier chef la santé des hommes et des femmes des pays occidentaux.

La majorité des accidents est provoquée par ce qu'on appelle l'athérome ou encore artériosclérose (le rétrécissement progressif du calibre des artères). L'artère, bouchée par un caillot ou par les couches successives d'athérome, provoque une asphyxie totale du tissu qu'elle était chargée d'alimenter ; lorsque ces artères sont celles du cœur ou du cerveau, on comprend que les dégâts soient parfois irréversibles !

Parmi les facteurs de risque : les trop grandes quantités de cholestérol et de triglycérides circulant dans le sang, le diabète, l'hypertension artérielle, la localisation masculine (abdominale) des graisses, l'obésité, le tabagisme. La liste n'est pas exhaustive mais énumère les principaux coupables.

Les estrogènes fabriqués par les ovaires protègent les femmes jusqu'à la ménopause ; elles constituent en quelque sorte une assurance – qui n'est pas « tout risques » mais minimale. C'est la raison pour laquelle il est exceptionnel, en dehors de circonstances particulières, qu'une femme présente un accident cardio-vasculaire avant la ménopause.

Les estrogènes protégent les artères féminines selon, semble-t-il, plusieurs mécanismes :

— ils dilatent physiologiquement les parois artérielles de façon que leur calibre reste le plus grand possible ;

— ils aident à la régularisation des graisses sanguines : le cholestérol a tendance à augmenter à partir du moment où la ménopause entraîne la disparition des estrogènes sanguins ;

— ils s'opposent à la transformation de la silhouette féminine, obligeant la graisse à se localiser dans le bas du corps (localisation gynoïde). Après leur disparition, la graisse a tendance à se localiser sur le haut du corps ; cette graisse masculine est une grande pourvoyeuse d'accidents cardiaques et cérébraux.

Maladies cardiaques :
après la ménopause, les femmes
rattrapent les hommes

Jusque vers cinquante-cinquante-cinq ans, l'infarctus du myocarde (une ou plusieurs coronaires, artères nourricières du cœur, se bouchent) reste le plus souvent l'apanage de l'homme. Attention : les hormones estrogènes

---

féminines ne protègent pas les femmes à vie. En comparant les hommes et les femmes quel que soit leur âge, on se rend compte que la proportion d'infarctus féminin représente *plus de la moitié* des infarctus répertoriés.

Une remarque : si vous craignez par-dessus tout le cancer du sein, maladie à la symbolique terrifiante, songez que vous avez statistiquement onze fois plus de chances de mourir d'une maladie cardiaque que du... cancer du sein !

Une histoire de HDL et LDL cholestérol

Lorsque, à la ménopause, les estrogènes sanguins disparaissent du sang en quasi-totalité, le HDL (*High Density Lipoprotein*), considéré comme un « bon » cholestérol pour le cœur et les artères, a tendance à diminuer tandis que le LDL (*Low Density Lipoprotein*), le « mauvais » cholestérol, a tendance à augmenter.

Lorsque vous faites un dosage de cholestérol total (qui inclut le HDL et le LDL), vous n'obtenez pas toutes les informations utiles : vous pouvez avoir un cholestérol total élevé, dépassant la norme du laboratoire, par exemple 2,8 grammes par litre (pour une normale inférieure à 2,60) sans avoir de problème particulier car votre HDL est très élevé (par exemple 0,60 g par litre). Ce qui compte finalement, c'est le rapport du cholestérol

total sur le HDL (diviser la valeur du cholestérol total par la valeur du cholestérol HDL) :
il doit être, selon les normes des laboratoires,
inférieur à 4 ou 5. Les isoflavones de soja
auraient-elles les mêmes propriétés que les
estrogènes ?

Maladies du cœur et des artères : les graisses sanguines, oui, mais...

Nous avons pendant très longtemps considéré que la quantité de cholestérol et de
triglycérides circulant dans le sang était un
facteur presque exclusif de risque cardio-
vasculaire. Nous savons aujourd'hui qu'il
n'en est rien. La plupart des médecins considèrent que de nombreux autres facteurs de
risque existent (dont certains sont encore
inconnus). La quantité de graisse sanguine
ne participerait que pour 30 % à la genèse de
ces maladies.

La plupart des médecins s'intéressent
aujourd'hui de très près à ce que l'on appelle
la compliance artérielle : la souplesse des
parois, leur faculté de se dilater, de rester
souples.

Études et expériences :
les résultats

L'a priori favorable dont bénéficie l'alimentation à base de soja dans la prévention des maladies cardio-vasculaires ne date pas d'hier : il y a de très nombreuses années, les scientifiques russes avaient noté, les premiers, que les animaux de laboratoire nourris avec une alimentation riche en protéines de soja conservaient un cholestérol sanguin étonnamment bas. Il fallut attendre près de cinquante ans avant que l'on songe à expérimenter ces propriétés du soja sur des sujets humains. Les résultats furent alors très encourageants puisque les hommes réagirent exactement de la même façon... que les cobayes russes près d'un demi-siècle auparavant.

Depuis, les résultats scientifiques se sont accumulés. Mais attention : comme nous allons le voir, ils sont parfois contradictoires. Leurs conclusions n'ont pas force de preuves scientifiques définitives et officielles, même si leur nombre et leurs conclusions vont toujours dans le même sens, laissant à penser que les actions favorables du soja sur le risque de maladies cardio-vasculaires sont probables.

La très encourageante méta-analyse
du docteur Anderson, et les autres...

Une méta-analyse est une sorte de florilège des meilleures études ayant porté sur un sujet donné.

Le travail du docteur Anderson a été publié en

168

1995. Ce praticien américain a réuni en une seule étude les résultats de trente-huit études effectuées auprès d'enfants et de trente-quatre autres auprès d'adultes hommes et femmes). Après avoir compilé les différents résultats de ces soixante-douze études, il conclut qu'une consommation de 31 à 47 g de protéines de soja par jour peut diminuer de façon réelle le taux de cholestérol et de LDL cholestérol (le mauvais cholestérol). En effet, les gros consommateurs de protéines de soja peuvent s'attendre, d'après Anderson, à voir diminuer de près de 20 % la valeur de leur cholestérol total et de 24 % celle de leur LDL cholestérol ! Les trigly-cérides (autres graisses sanguines que l'absorption d'alcool et/ou de sucres rapides peut stimuler de façon exagérée chez les sujets prédisposés) semblent également diminuer de 13 %.

Attention : une méta-analyse ne vaut pas, loin de là, une étude randomisée double aveugle contre placebo. Cependant, les résultats obtenus par Anderson restent vraiment très encourageants.

— Dans un éditorial du *New England Journal of Medicine* du 3 août 1995 (le numéro même dans lequel Anderson publiait sa méta-analyse), le doc-teur Erdman (université de l'Illinois) faisait remar-quer : « En ce qui concerne l'utilisation des protéines de soja dans le but de diminuer les concentrations sanguines de cholestérol, un cer-tain nombre de questions persistent :

— quelles sont les quantités nécessaires ?

— quel est le mécanisme d'action des protéines de soja sur les graisses sanguines ? »

Il admet ensuite qu'en matière de sécurité l'ali-mentation à base de soja semble avoir fait ses preuves : « Certaines populations asiatiques mangent 20 g en moyenne de protéines de soja chaque jour sous forme de lait de soja, de tofu et de tempeh. Une utilisation aussi traditionnelle suggère qu'il s'agit là d'un légume sans risque particulier. Les protéines de soja apparaissent d'excellente qualité lorsque l'on considère les acides aminés qui les composent. Ces protéines sont aussi pertinentes que la plupart des protéines issues du règne animal (viandes, œufs, laitage...). »

Et il continue : « Les réactions allergiques aux produits du soja sont rares chez l'adulte, même si les protéines de soja, comme le lait de vache, les œufs et les protéines de céréales, peuvent occasionnellement provoquer des phénomènes allergiques chez les enfants [...] En Occident, le mot soja n'a pas une image aussi positive que ceux de " viande ", " œuf " ou " lait ". La plupart d'entre nous assimilent le soja à la sauce de soja ou encore considèrent qu'il s'agit d'un aliment réservé aux pauvres. » Et il conclut : « La méta-analyse d'Anderson devrait convaincre les médecins et les diététiciens de l'utilité de conseiller aux sujets hypercholestérolémiques une consommation régulière de protéines de soja. »

A contrario, il existe deux études randomisées en double aveugle contre placebo qui, ayant utilisé des isoflavones seules sous forme de compléments alimentaires en gélules, font état d'un effet faible ou nul sur les graisses sanguines des sujets étudiés. Question : peut-on attendre des multiples compléments alimentaires commercialisés sous la forme de gélules, qui sont, pour la plupart, des extraits d'isoflavones de soja, les mêmes propriétés que celles du soja entier ?

— Et encore : le docteur P. J. Nestel (Australie)

publie un article en mars 1999 faisant état d'une étude réalisée auprès de dix-sept femmes ayant absorbé, soit un placebo, soit 40 à 80 mg d'isoflavones extraites de trèfle rouge (non de soja) contenant néanmoins de la génistéine, de la daidzéine et d'autres phytoestrogènes. Les taux sanguins de HDL cholestérol, de LDL cholestérol et de triglycérides sont restés parfaitement identiques chez les femmes recevant le placebo et chez celles recevant les isoflavones. Cependant, le docteur Nestel note une action positive très intéressante sur laquelle nous reviendrons : les femmes ayant absorbé les isoflavones de trèfle rouge présentent des calibres artériels (aorte et carotide) bien plus généreux que les autres : résultat encourageant en matière de prévention cardio-vasculaire.

La morale de cette histoire : les isoflavones de soja n'ont pas les mêmes effets que les isoflavones de trèfle rouge sur les graisses sanguines.

— Le docteur S. Washburn (États-Unis, Caroline du Nord) publie au printemps 1999, dans la revue *Menopause*, une étude randomisée en double aveugle contre placebo. Celle-ci a porté sur cinquante et une femmes, dont certaines recevaient 44 mg de phytoestrogènes (20 g de protéines de soja), d'autres 64 mg de phytoestrogènes (40 g de protéines de soja), et d'autres enfin une farine placebo. Toutes ces femmes conservaient par ailleurs leur alimentation habituelle. Notons qu'il s'agit ici d'Américaines et non de Japonaises. Les résultats furent positifs puisque, à la fin de la sixième semaine de l'expérience, les femmes qui avaient reçu les protéines de soja présentaient un cholestérol diminué de 6 % et un LDL (le mauvais cholestérol) diminué de 7 %. Par contre, le docteur S. Washburn ne note aucune différence intéressante sur les chiffres de triglycérides ou de HDL. Elle conclut que la supplémentation de l'alimentation traditionnelle occidentale en protéines de soja chez les femmes en période de périménopause (dont les chiffres de cholestérol et de triglycérides étaient normaux au début de l'expérience) est parfaitement capable d'influer favorablement sur le taux de cholestérol total et de LDL. Elle considère que ce travail corrobore l'action potentielle d'une supplémentation à base de soja sur le risque de maladie cardio-vasculaire dans les populations occidentales.

Les médecins sont allés plus loin : ils ont réalisé sur des singes ce qu'il est évidemment impossible de réaliser sur des êtres humains : en 1996, le docteur Mary S. Anthony (États-Unis) a effectué une expérience sur des macaques mâles. Les singes ont été divisés en trois groupes : pendant quatorze mois, vingt-trois d'entre eux ont été nourris avec des protéines de soja aux isoflavones intactes ; vingt-huit autres ont reçu des protéines de soja dont on a enlevé les isoflavones ; vingt-trois autres ont reçu un placebo. Les résultats sont très convaincants : dans le groupe nourri avec les protéines de soja intactes (isoflavones), le cholestérol total a baissé, le LDL était au plus bas, et le HDL au plus haut (chiffres comparés avec ceux des autres groupes). Les singes furent ensuite sacrifiés et le calibre de leurs artères coronaires (les artères nourricières du cœur) observé. Celui-ci était le plus important chez les singes nourris avec des protéines de soja riches en isoflavones.

Comme nous l'avons signalé plus haut, certains médecins se demandent si les isoflavones sont véritablement les seuls tenants des bénéfices cardio-vasculaires attribués au soja. C'est pourquoi il est intéressant de comparer les résultats obtenus par Mary S. Anthony chez les singes nourris avec les protéines de soja dont on avait enlevé quasiment toutes les isoflavones et chez les singes recevant le placebo : il y a des différences en faveur du groupe protéines de soja sans isoflavones pour le cholestérol total (qui est un peu moins élevé), le LDL (le mauvais cholestérol est un peu moins élevé), le HDL (le bon cholestérol est un peu plus élevé) et le calibre des coronaires (qui est un peu plus élevé que dans le groupe de singes n'ayant eu que le placebo). Mais ces résultats n'ont pas de sens statistique, c'est-à-dire qu'ils ne peuvent être scientifiquement tenus pour absolument démonstratifs.

L'expérience de Mary S. Anthony met en évidence l'effet favorable probable des isoflavones de soja sur les graisses sanguines et sur les artères. Or nous avons vu plus haut que l'élévation des graisses sanguines est considérée comme responsable, dans une proportion d'environ 30 %, de la dégradation des artères. Les isoflavones auraient-elles un impact positif sur la dilatation des artères, cette faculté qu'elles ont de se dilater à la demande grâce à leur élasticité ? Les travaux, entre autres, du docteur Patrick J. Nestel (Australie) le suggèrent. Il a comparé les calibres et l'élasticité des artères carotides et de l'aorte (la plus grosse artère de notre corps) par doppler chez dix-sept femmes ayant reçu 80 mg d'isoflavones de trèfle rouge ou 40 mg d'isoflavones de trèfle rouge ou encore un placebo. Les résultats sont brillants : le débit artériel augmente de 23 % chez les femmes recevant 80 mg d'isoflavones, un peu moins chez les femmes recevant 40 mg de ces isoflavones de trèfle rouge (ce travail date de mars 1999).

Enfin, un article récent vient de paraître dans le très sérieux journal d'endocrinologie, le *Journal of Clinical Endocrinology and Metabolism* (mars 2001).

Ce travail vient renforcer l'idée que les isoflavones (*spécifiquement et indépendamment* des protéines de soja) pourraient jouer un rôle important en matière de protection des artères.

Il s'agit d'une expérience ayant porté sur 189 singes macaques femelles (c'est la première fois que des singes femelles sont utilisées comme cobayes dans ce contexte) auxquelles on a administré pendant vingt-six mois un régime alimentaire très gras de nature à développer des plaques d'athérome et d'artériosclérose au niveau de leurs artères. Puis, tout en continuant ce régime toxique, on leur a enlevé les ovaires pour les ménopauser. On les a alors séparées en trois groupes : un groupe a reçu soit des protéines entières de soja (avec leurs isoflavones) soit des protéines de soja dont on avait enlevé artificiellement les phytoestrogènes, soit enfin des estrogènes médicamenteux identiques à ceux que l'on donne aux femmes ménopausées pour le THS (Premarin®).

Les résultats de cette étude sont très encourageants :

— Le groupe de singes ayant reçu les protéines de soja contenant les phytoestrogènes a vu son cholestérol être amélioré, sans que ses triglycérides soient augmentés, plus encore que celui ayant reçu les estrogènes médicamenteux ;

— par rapport au groupe qui recevait les protéines de soja débarrassées de leurs isoflavones, ceux ayant reçu soit les isoflavones soit les estrogènes médicaments, subissaient des dégâts artériels beaucoup moins marqués ;

— cependant, considérant la protection des artères dans sa globalité, les dégâts les plus discrets étaient trouvés dans le groupe estrogènes médicaments – mais, sur certaines artères (carotides), l'effet protecteur se révéla identique !

La conclusion à tirer de cette expérience est qu'elle démontre que les isoflavones de soja ont des propriétés cardioprotectrices, et que ces propriétés leur sont bien spécifiques et non pas attachées à l'ensemble des protéines contenues dans le soja.

En Finlande, en juin 1999, le docteur S. Makela (de l'université de Turku) et son équipe ont effectué une expérience particulièrement précise sur des artères carotides de rat. Ils sont parvenus à y localiser les récepteurs estrogéniques alpha (c'est-à-dire les « serrures » friandes de « clés » estrogènes classiques) et les récepteurs bêta (les « serrures » dans lesquelles les isoflavones de soja sont parfaitement capables de concurrencer les estrogènes classiques, voire de les bloquer pour les empêcher de jouer leur rôle). Les rats étudiés sont des femelles que l'on a castrées afin de les soustraire à l'influence cicatrisante de leurs propres estrogènes. Une agression physique est alors effectuée sur les carotides de ces rates, dont certaines seulement sont alimentées par des phytoestrogènes de soja : les artères carotides blessées des rates sous phytoestrogènes de soja se réparent exactement comme celles des rates sous estrogènes sous forme médicamenteuse (17 bêta estradiol).

Cette expérience de laboratoire suggère que les isoflavones de soja, en se fixant sur les récepteurs estrogéniques bêta, ont la même puissance de réparation (d'une agression artérielle) que les estrogènes classiques.

Les accidents artériels tels que l'infarctus du myocarde surviennent, pour beaucoup d'entre eux, de la façon suivante : l'artère s'abîme en un endroit précis, progressivement, puis se sténose (c'est-à-dire que son calibre diminue), ses parois intérieures deviennent irrégulières, remplies d'infractuosités. Il est alors de plus en plus probable qu'un caillot sanguin viendra boucher définitivement l'artère en cet endroit. L'infarctus de l'organe qu'elle irrigue (l'asphyxie) survient dans les minutes qui suivent l'événement.

Le docteur J. N. Wilcox (États-Unis, université d'Atlanta) évoque la possibilité que les isoflavones, génistéine en tête, soient capables d'inhiber la formation d'un caillot alors même que l'artère est endommagée : ces molécules ont démontré *in vitro* (c'est-à-dire en laboratoire et non pas dans l'espèce humaine) de telles capacités (cette opinion fut exprimée dès mars 1995 dans *The Journal of Nutrition*).

Autre fauteur d'accident cardio-vasculaire : l'hypertension artérielle. Vous dépassez 15 pour le chiffre maximal et 9,5 pour le chiffre minimal et ce, en permanence. Les dégâts à moyen et à long terme susceptibles d'être provoqués par cette hypertension artérielle sont simples : imaginez que la pression de la chaudière alimentant votre chauffage central soit trop élevée. Tant que votre installation de chauffage sera neuve et en bon état, l'hyperpression dans les tuyaux n'aura pas de conséquence visible. Progressivement, au fil des années (l'hypertension artérielle provoque ses dégâts très sournoisement), les joints de caoutchouc sont moins efficaces, les soudures moins solides... C'est la catastrophe : votre chauffage fuit ! Transposez maintenant le phénomène dans votre système artériel... De surcroît, cette hyperpression ne manquera pas de déposer du tartre dans les « coudes » des tuyaux : c'est l'athérosclérose, formée de plaques d'athérome. Se déposant inégalement, sur des points stratégiques de notre circulation artérielle, celles-ci augmenteront les risques d'obstruction des artères.

Les estrogènes classiques (fabriqués par les ovaires ou administrés sous la forme de médicaments) n'ont pas d'actions négatives sur les chiffres de pression artérielle. Toutefois, ils ne protègent pas le système artériel féminin contre l'hypertension.

Qu'en est-il des isoflavones de soja ? Nous disposons ici de très peu d'arguments scientifiques. Cependant, il faut noter la communication du docteur Helena Teede (Australie) au IXe Congrès international sur la ménopause qui s'est tenu à Yokohama, au Japon, du 17 au 21 octobre 1999. Dans une étude randomisée en double aveugle (effectuée, donc, avec une méthodologie modèle), les médecins ont, pendant une durée totale de trois mois, enrôlé cent dix hommes et cent dix femmes ménopausées pour leur faire absorber, selon les moments de l'étude, 105 milligrammes d'isoflavones ou un placebo. Ces « cobayes » avaient une tension artérielle considérée comme normale au début de l'expérience. Les résultats ont montré que la tension artérielle des hommes et des femmes, quel que soit leur âge, avait eu tendance à baisser pendant toute la durée de l'administration des isoflavones plus que pendant la période d'absorption du placebo. Toujours à Yokohama, le docteur Yuki Yamori a présenté les résultats d'une étude réalisée chez des Japonaises ménopausées dont le lieu de résidence était, soit le Japon, soit le Brésil (étude randomisée contre placebo). Vingt Japonaises ayant absorbé 26,4 mg d'isoflavones par jour pendant des durées variant de trois à dix semaines ont présenté une augmentation de leur élimination urinaire d'isoflavones (c'est ainsi que sont détectés, entre autres, les individus qui absorbent ou non des isoflavones : celles-ci sont retrouvées, en bout de chaîne, dans leurs urines).

Yuki Yamori et ses collaborateurs ont constaté que, quel que soit le pays de naissance, plus l'élimination urinaire d'isoflavones était importante (c'est-à-dire : plus ces femmes avaient absorbé des isoflavones), moins la pression artérielle était importante (de même que le taux de cholestérol).

Encore à Yokohama, le docteur H. Young M. Park (Corée) a comparé le nombre des décès par infarctus du myocarde aux États-Unis, en Chine et au Japon en le reliant à la consommation de soja. Selon cette étude, la mortalité après infarctus du myocarde est d'autant plus faible que la consommation de soja est élevée. L'auteur attribue (sans que sa démonstration puisse apparaître rigoureuse) un rôle préventif à la consommation de soja, conseillant un apport quotidien de 20 à 25 g de protéines de soja.

Ce qu'il faut retenir : comme l'action des estrogènes classiques (fabriqués par vos ovaires ou administrés par voie médicamenteuse), celle des phytoestrogènes (des isoflavones de soja en particulier) passerait donc par une optimisation des graisses circulant dans le sang ainsi que par un effet plus direct de dilatation des parois et de l'intérieur même des vaisseaux.

Dans un article écrit en 1996 : « Rôle des phytoestrogènes alimentaires dans la protection contre le cancer et les maladies cardio-vasculaires », le docteur Wiseman met l'accent sur :

— la diminution du LDL cholestérol (le mauvais cholestérol, grâce à la propriété antiradicalaire libre des phytoestrogènes alimentaires) ;

— la diminution des phénomènes de formation de caillots sanguins.

D'autre part, sur le plan strictement nutritionnel, grâce au profil de leurs acides aminés (unité de base entrant dans la composition des protéines), les protéines de soja peuvent favorablement influencer les niveaux d'insuline (une des hormones clés du métabolisme des sucres et des graisses fabriquées par le pancréas) : la glycine et l'arginine du soja ont tendance à la faire baisser. Cette diminution de l'insuline circulant dans le sang diminue les concentrations de cholestérol. Il faut savoir qu'à l'inverse les protéines d'origine animale (par exemple la viande) sont riches en lysine, qui augmente les taux de cholestérol.

Les phytostérols, un autre composant du soja qui ressemble au cholestérol, peuvent également diminuer les taux de cholestérol.

Le docteur Susan M. Potter (États-Unis, université de l'Illinois) a récemment fait le point sur les différents moyens utilisés par les phytoestrogènes pour diminuer le taux de cholestérol. Elle a ainsi résumé ces actions : « Les protéines de soja semblent extraire le cholestérol du corps. » Selon elle, quelques résultats indiquent qu'une alimentation riche en produits dérivés du soja semble améliorer la physiologie de la glande thyroïde et, donc, avoir une incidence positive sur la production de cholestérol (l'insuffisance thyroïdienne s'accompagne d'une hypercholestérolémie).

En guise de conclusion, citons le docteur Amos Pines (hôpital Ichilov, Tel-Aviv, Israël) présent au même congrès japonais : « Les phytoestrogènes sont de plus en plus populaires ; ils se présentent fréquemment comme des substituts aux estrogènes classiques. Mais en fait, les résultats scientifiques sur ces molécules sont relativement modérés. On pourrait les comparer en se fondant sur les études animales aux SERM (cf. p. 14). Ils ont en effet, en certains endroits du corps (métabolisme hépatique des graisses, artères coronaires, os du squelette, cerveau) des propriétés estrogéniques et, en d'autres endroits (utérus et seins), des activités antiestrogéniques. La faible fréquence des accidents cardio-vasculaires chez les Asiatiques pourrait être attribuée aux phytoestrogènes dans la mesure où ils représentent l'un des éléments essen-

⌐ alimentation. Les études réalisées chez
⌐t démontré l'action favorable de
soja, avec une diminution du cho-
une augmentation du cholestérol
montré que les phytoestrogènes
ticité des artères et la bonne
is internes. Autres propriétés
anti-radicaux libres et l'inhibi-
les caillots. Depuis que les
ρ   aintenant disponibles sous
fo.   ou de gélules, avec des quantités   en définies, les études consacrées aux eventuels bénéfices cardio-vasculaires vont
être plus faciles à réaliser. En attendant, les traitements combinant de faibles doses d'estrogènes sous
forme médicamenteuse et des phytoestrogènes semblent être une approche thérapeutique séduisante. »

8

Des phytoestrogènes pour vos os ?

Un médicament phytoestrogène : l'ipriflavone

Nous sommes à Rome, au début des années 90. Le docteur Marco Gambacciani et ses collaborateurs envisagent d'effectuer une étude dont le but est de démontrer que l'ipriflavone est capable d'empêcher la déminéralisation osseuse et, par conséquent, être une alternative intéressante au traitement hormonal substitutif de la ménopause. L'ipriflavone, actuellement, n'est pas commercialisée en France.

Il s'agit d'une étude randomisée en double aveugle contre placebo – la première du genre effectuée avec un produit qui est un véritable médicament à base de génistéine : la puissance de cette molécule synthétique est infiniment plus importante que celle de la génistéine. La même équipe romaine avait démontré que l'ipriflavone était capable de prévenir la perte de densité osseuse chez des femmes dont les ovaires avaient été enlevés et qui, par conséquent, se trouvaient « chirurgicalement ménopausées » et, à ce titre, en danger de décalcification osseuse rapide. Parmi les cent femmes choisies (non ménopausées), cinquante reçurent un placebo et 500 mg par jour de calcium au moment du dîner ; les cinquante autres reçurent 600 mg par jour d'ipriflavone sous la forme de trois comprimés et 500 mg par jour de calcium. Toutes reçurent un traitement induisant une ménopause chimique (réversible à l'arrêt du traitement) sous la forme d'une injection intramusculaire dans la fesse tous les mois, pendant six mois (acétate de leuproreline).

Les résultats sont très intéressants. Les densitométries effectuées montrent que, dans le groupe de femmes prenant l'ipriflavone, les densités osseuses sont restées à leurs valeurs initiales pendant toute la durée de l'expérience, tandis que, dans le groupe sous placebo, elles diminuaient de 2 à 4 % (c'est beaucoup) pendant les six mois de celle-ci. Elles remontaient aux valeurs initiales quand le médicament induisant la ménopause chimique était arrêté.

Les auteurs de l'étude considèrent que l'administration d'ipriflavone est donc capable de lutter contre les risques d'ostéoporose.

Oui... mais l'ipriflavone est un médicament, je le répète : sa puissance ne permet pas d'extrapoler ces résultats à l'administration de compléments alimentaires à base d'isoflavones.

Des études sur... les rats et les poulets

Le docteur Brahram H. Arjmandi (États-Unis, département de nutrition et de diététique humaine à l'université de l'Illinois à Chicago) a réalisé une étude auprès de trente-deux rates. Cette étude était relativement compliquée puisque certaines rates ovariectomisées (dont on avait ôté les ovaires) recevaient, soit du 17 bêta estradiol (estrogènes classiques) soit du soja. Les densitométries osseuses de leurs fémurs et de leurs vertèbres lombaires furent effectuées à la suite de l'expérience, qui dura un mois. Les rates qui ne recevaient aucun traitement subirent une diminution de leur densité osseuse tandis que les autres restaient indemnes (aussi bien les rates recevant du 17 bêta estradiol que celles recevant des phytoestrogènes de soja).

Les femmes ne sont pas des rates... Mais le rat est un animal dont les réactions sont très souvent comparables à celles des humains.

Voici, à présent, le récit d'une expérience faite *in vitro* sur des poulets. En 1995, le docteur Harry C. Blair et son équipe (États-Unis, université d'Alabama) isolèrent des cellules destructrices d'os (ostéoclastes, cf. p. 128) de poulet *Gallus domesticus*, à partir d'os de poulet. Puis ils ajoutèrent à ces cultures de cellules de la génistéine. Ils constatèrent alors que les ostéoclastes étaient considérablement freinés – en d'autres termes, que la destruction osseuse induite par ces cellules destructrices était inhibée par les phytoestrogènes.

Encouragé par ces résultats, le docteur Blair testa alors deux cents rates ovariectomisées traitées par quarante-quatre micromoles de génistéine par jour et les compara à des rates contrôles non traitées. Le poids des fémurs des rates traitées se révéla être 12 % plus élevé que celui des contrôles ; la démonstration était faite que, aussi bien *in vitro* qu'*in vivo*, la génistéine était capable de mettre fin à la décalcification osseuse (sur des animaux de laboratoire).

En 1998, le docteur P. Fanti (États-Unis, université du Kentucky Medical Center) confirme les travaux de ses prédécesseurs. Il enlève les ovaires de rates âgées de deux mois et injecte quotidiennement de la génistéine à certaines d'entre elles, en sous-cutané (5 microgrammes de génistéine par gramme de poids). Les rates ayant reçu la génistéine gardent un capital osseux meilleur que celles qui n'ont pas reçu les injections de génistéine.

Les expériences sur les rates sont très intéressantes – encore faudrait-il pouvoir extrapoler leurs résultats aux êtres humains, en l'occurrence aux femmes. Or nous manquons singulièrement de preuves. C'est la raison pour laquelle nous devons nous garder de toute conclusion hâtive. Il ne faut pas affirmer, comme on l'entend de plus en plus souvent ici et là, que les phytoestrogènes ont définitivement prouvé leur action antiostéoporose.

L'étude du docteur M. Valente (Italie, service universitaire de gynécologie obstétrique de Rome), si elle s'est intéressée à des femmes a, tout comme Gambacciani, utilisé l'ipriflavone et non pas les phytoestrogènes classiques. Dans une étude randomisée contre placebo en double aveugle, ce médecin et son équipe ont administré au groupe de femmes observé 600 mg par jour d'ipriflavone.

Après douze mois de traitement, ils ont noté une diminution de la densité osseuse chez les femmes recevant le placebo et une augmentation chez les autres.

Cependant, les études effectuées sur les êtres humains restent extrêmement rares.

En 1995, le docteur A. L. Murkies a montré qu'un régime riche en protéines de soja était susceptible d'empêcher les marqueurs osseux (hydroxy-proline), témoins de la décalcification (cf. p. 119), de s'élever : ceux-ci, même s'ils ne sont pas encore vraiment validés, sont considérés comme un bon indice. L'étude de A.L. Murkies suggère donc que les phytoestrogènes freinent la destruction osseuse.

Très récemment, en 1999, le docteur Y. Ishimi est revenu aux souris. Il a administré à des femelles ovariectomisées, pendant deux à quatre semaines, de la génistéine, ou du 17 bêta estradiol (estrogènes classiques). L'expérience lui a permis de constater que le capital osseux était conservé aussi bien dans le groupe des souris recevant la génistéine que dans l'autre.

À noter : en fait, le seul effet positif osseux démontré à ce jour (à partir d'une étude portant sur le capital osseux des femmes ménopausées) semble faible et limité à la colonne lombaire (étude du docteur J. Anderson en 1998).

Depuis un an, la seule étude randomisée contre placebo consacrée à ce sujet a été réalisée avec... de l'ipriflavone – un véritable médicament, quoique dérivé du soja.

Il s'agit de l'étude du docteur H. Ohta (Japon, université de Keio, service de gynécologie obstétrique à Tokyo). Cette équipe a étudié le devenir de la masse osseuse de soixante femmes ménopausées ayant un capital osseux très faible (ostéoporose imminente ou déjà constituée). Celles-ci recevaient 600 mg par jour d'ipriflavone ou environ 1 g de calcium seulement par jour. Après un an, tandis que le groupe calcium perdait encore de la masse osseuse, le groupe ipriflavone conservait la sienne inchangée.

Les phytoestrogènes semblent devoir protéger le squelette. Oui, mais comment ?

C'est le docteur Marc J. Messina (États-Unis) qui a tenté de répondre à cette question au IXe Congrès international sur la ménopause (Yokohama, octobre 1999). Il a commencé son exposé par trois phrases :

« — Les isoflavones de soja ont une action chimique comparable à celle des estrogènes classiques ;

— les isoflavones de soja ont une structure chimique très comparable à celle des estrogènes fabriqués par les ovaires et à celle des estrogènes administrés par voie médicamenteuse ;

— on sait la fréquence très basse des fractures du col du fémur en Asie. »

Il a continué ainsi :

« Parmi les phytoestrogènes, on considère que ce sont surtout les isoflavones de soja qui seraient responsables de cette protection, principalement la génistéine et la daidzéine. »

Enfin, après avoir fait la revue des études disponibles, ce médecin a résumé les choses de la façon suivante :

« — Les isoflavones de soja stimuleraient les cel-

lules ostéoblastes (cellules osseuses fabriquant l'os) sous l'action de la daidzéine ;
— elles freineraient la destruction osseuse en agissant sur les ostéoclastes (cellules osseuses destructrices d'os) grâce à la génistéine. »

Il souligne que ces résultats positifs n'ont pas été retrouvés chez le singe et que les premières études faites chez la femme semblent certes montrer une action bénéfique mais limitée aux vertèbres lombaires.

Il a conclu sur une note insolite : et si la fréquence faible de fractures du col du fémur en Asie était due à... sa taille inférieure ?

Ce qu'il faut retenir :
— les isoflavones de soja, génistéine et daidzéine, semblent avoir un effet de protection osseuse ;
— les phytoestrogènes agiraient en diminuant l'activité des cellules « destructrices d'os » (les ostéoclates) et en augmentant celle des cellules « constructrices d'os » (les ostéoblastes) ;
— seul l'ipriflavone, un composé médicamenteux synthétique à base de génistéine, a démontré son efficacité chez les femmes. De nombreuses études effectuées chez les animaux, en particulier chez les rates, vont dans ce sens ;
— on ne doit pas, à ce jour, affirmer que les phytoestrogènes (isoflavones de soja) représentent une protection efficace contre l'ostéoporose, même si le doute est en leur faveur ;
— de nombreuses études réalisées auprès de femmes de façon randomisée contre placebo en double aveugle sont encore nécessaires pour définitivement ranger les isoflavones de soja parmi les moyens de prévention de l'ostéoporose.

9

Les phytoestrogènes de soja et votre cerveau

Ce chapitre est court. En effet, nous commençons à peine à comprendre l'impact des estrogènes classiques sur le cerveau ; comment pourrait-on faire un exposé précis sur celui des phytoestrogènes de soja ? Il n'en reste pas moins que les isoflavones ont sans doute un effet sur le cerveau.

Je rappelle que les estrogènes, quels qu'ils soient, reconnaissent aujourd'hui deux sortes de récepteurs, ceux que j'ai appelés les serrures des clés que sont les hormones. Ce sont les récepteurs estrogéniques de type I et type II (ou, ce qui revient au même, alpha et bêta).

Je rappelle aussi que les estrogènes classiques (ceux qui sont fabriqués par vos ovaires ou ceux qui sont prescrits sous forme médicamenteuse) se fixent sur les deux types de récepteurs mais avec une préférence pour les récepteurs de type I (ou alpha) tandis que les isoflavones préfèrent de loin les récepteurs de type II (ou bêta), au point qu'ils peuvent interdire à ces derniers de laisser entrer les estrogènes classiques, et donc d'effectuer leurs actions traditionnelles.

Le cerveau est doté de récepteurs des deux

types ; les estrogènes classiques aussi bien que les isoflavones de soja ont donc une action sur son fonctionnement.

Rappelons encore que, en se liant à leurs récepteurs cérébraux, les estrogènes classiques, lorsqu'ils sont administrés aux femmes ménopausées dans le cadre d'un traitement hormonal substitutif :

— annulent pratiquement 100 % des bouffées de chaleur et autres suées ;

— améliorent les capacités de concentration, de logique et de mémoire ;

— diminuent peut-être le risque de maladie d'Alzheimer (cf. p. 135).

À ce jour, on ne peut pas en dire autant, loin de là, des isoflavones de soja. Nous en sommes aux préliminaires de laboratoire et d'expérimentation en attendant les expériences *in vivo*, et celles qui portent sur les êtres humains. Ceux qui voudraient vous faire croire que les phytoestrogènes ont des effets identiques, voire supérieurs, à ceux des estrogènes classiques sur votre cerveau ne font que spéculer ; nous sommes loin de la démarche scientifique rigoureuse qui permet à la médecine d'avancer – certes trop lentement aux yeux de certains – mais sûrement.

Pourquoi les phytoestrogènes pourraient être bénéfiques pour le système nerveux central

Une grande nouvelle : les récepteurs de type bêta (II), particulièrement prisés par les phytoestrogènes, sont très nombreux dans le cerveau et même prépondérants.

Promenons-vous, voulez-vous, à l'intérieur du cerveau et considérons quelques structures particulièrement importantes pour la mémoire, telles que l'hippocampe. L'hippocampe est une région du cerveau qui peut être comparée à un micro-ordinateur d'une puissance inouïe. Il a, entre autres fonctions, celle de mener à bien les opérations de mémoire à court terme (qui emmagasine les événements vécus les minutes, les heures, voire les quelques jours précédents). Les récepteurs bêta y sont particulièrement nombreux. C'est pourquoi on présuppose l'action bénéfique que les phytoestrogènes pourraient avoir en pénétrant dans les récepteurs de ce fameux hippocampe.

Un des effets les plus remarquables des estrogènes sur le système nerveux central est de pouvoir réparer, multiplier, et donner du « pep » aux neurones, cellules nerveuses de base. Les estrogènes classiques (ceux des ovaires ou ceux des médicaments) agissent à leur niveau par l'intermédiaire des récepteurs de type alpha (I) : peu d'espoir ici que les isoflavones jouent un rôle majeur.

Action des isoflavones de soja sur les récepteurs bêta du cerveau : c'est démontré !

En 1999, le docteur H. P. Patisaul a publié une étude ayant porté sur des cerveaux de rates. Il a constaté que les parties du cerveau de celles soumises à un traitement d'estrogènes classiques ont subi une diminution de près de 50 % de l'activité de leurs récepteurs estrogéniques bêta, tandis que les autres régions cérébrales conservaient une activité des récepteurs bêta parfaitement normale. Il a ensuite soumis les cerveaux de rates à un traitement d'isoflavones de soja ; cette expérience a montré, au contraire de la précédente, que l'activité des récepteurs aux estrogènes bêta augmente de près de 50 % dans certaines autres parties du cerveau.

L'étude du docteur Patisaul officialise l'efficacité des isoflavones de soja sur le cerveau. Elle nous fait comprendre, également, que selon l'endroit où celles-ci agissent, se produiront ou ne se produiront pas les effets attendus tels que l'augmentation de la vigilance, de la mémoire, etc.

En revanche, elle n'apprend rien sur les effets concrets à attendre dans ce contexte d'une administration d'isoflavones.

Le docteur Y. Pan et son équipe, du centre de recherches cliniques universitaires de Winston-Salem, Caroline du Nord (États-Unis) va plus loin. En juin 1999, l'expérience sur des rates tendait à confirmer l'effet positif des isoflavones de soja sur l'hippocampe de ces rates, structure cérébrale d'une importance cruciale en terme de gestion de la mémoire. Les résultats de son expérience sont parfaitement encourageants puisque l'hippocampe des rates recevant le traitement d'isoflavones de soja réagit de façon positive, certes inférieure à celui des rates soumises au traitement d'estrogènes classiques (17 bêta estradiol), mais beaucoup mieux que l'hippocampe de celles qui ne recevaient aucun traitement. Ces données préliminaires sont certes intéressantes, mais attention : elles ne nous permettent pas de conclure à une quelconque action bénéfique des phytoestrogènes sur les facultés mentales et intellectuelles des êtres humains.

Au IXe Congrès mondial international sur la ménopause de Yokohama en octobre 1999, dans une session consacrée aux phytoestrogènes et au cerveau, deux médecins se sont avancés sur ce terrain inexploré :

— le docteur W. Wuttke (Allemagne) présente une expérience ayant porté sur des rates dont on avait enlevé les ovaires pour les ménopauser. Il compare les effets des estrogènes classiques et ceux de Cimifuga racemosa (contenant des isoflavones), et mesure l'activité des récepteurs cérébraux selon le traitement donné aux rates. Il en conclut que Cimifuga racemosa contient des substances qui agissent sur le cerveau des rates d'une façon identique à celle des estrogènes ;

— le docteur Q. Chen (États-Unis, département de pharmacologie et de toxicologie moléculaire, Southern California, Los Angeles), et son équipe, présentent une étude qui consiste à « blesser » certaines parties du cerveau des rates pour observer l'action cicatrisante et réparatrice éventuelle de certaines substances – ici, la génistéine. À condition que celle-ci soit administrée en quantité suffisante, les neurones lésés se retrouvent réparés dans une proportion de 20 à 80 %. L'expérience est renouvelée avec la daidzéine. Celle-ci semble avoir une action différente : elle ne protège pas les neurones mais augmente considérablement leur capacité de croissance.

Ces résultats suggèrent que la génistéine et la daidzéine du soja ont une action favorable sur les neurones, mais interdisons-nous d'en conclure trop rapidement que les phytoestrogènes sont « bons pour le cerveau » !

Ce qu'il faut retenir : les faits attribués aux phyto-estrogènes de soja appartiennent encore aux démonstrations de laboratoire (*in vitro*). Les premiers résultats obtenus semblent indiquer qu'ils savent parfaitement trouver dans le cerveau ces récepteurs bêta (de type II) qu'ils affectionnent particulièrement. Ils ont probablement certaines des actions de protection et de réparation des estrogènes classiques mais, à ce jour, personne n'est capable d'évaluer leur niveau de puissance en ce domaine, ni d'établir s'ils ont d'autres vertus que les estrogènes classiques.

10

Les cancers et les phytoestrogènes

Le cancer du sein

On le sait, c'est un cancer dont la fréquence va croissant. Les coupables possibles sont nombreux. Parmi eux, on suspecte actuellement les xénoestrogènes (cf. p. 64), ces molécules hormonales dérivées de nombreux pesticides, insecticides, DDT, matières plastiques... Les estrogènes classiques (ceux sécrétés par vos ovaires ou administrés sous forme de médicaments) ne sont sans doute pas coupables ou n'ont d'autre responsabilité qu'un effet promoteur : ils pourraient accélérer la croissance des cellules cancéreuses une fois leur développement commencé. Mais aucun argument, à ce jour, ne permet d'affirmer leur possible effet initiateur (création des cellules cancéreuses).

Les phytoestrogènes sont aujourd'hui comptés parmi les « freinateurs » du développement des cellules mammaires, au même titre que des molécules de synthèse médicamenteuses comme le tamoxifène et le raloxifène – des SERM. Le tamoxifène est une molécule tellement freinatrice qu'elle est couramment utilisée dans les suites des cancers du sein lorsque la tumeur, une fois analysée au laboratoire, a montré la présence de récepteurs estrogéniques. Le tamoxifène bloque ces récepteurs et endort d'éventuelles cellules cancéreuses résiduelles en sommeil, de manière à diminuer de façon importante les risques de récidives.

Les phytoestrogènes n'ont bien entendu pas la puissance ni l'efficacité d'un tamoxifène. Toutefois, leur action semble s'apparenter à celle de cette molécule puissamment antiestrogénique. Nous disposons aujourd'hui d'un nombre impressionnant de travaux de laboratoire (non effectués sur des femmes) qui renforcent cette hypothèse.

L'action des phytoestrogènes sur les cellules mammaires cancéreuses a été étudiée au laboratoire, *in vitro*. La génistéine paraît avoir un effet paradoxal : à petites doses, elle stimule la prolifération des cellules mammaires tandis qu'à forte dose elle l'inhibe. Attention : il s'agit ici d'un effet direct de la génistéine sur des cellules cancéreuses de sein en culture – on ajoute la génistéine aux cultures cellulaires. Dans la réalité, les choses ne sont pas si simples puisque la concentration de génistéine qui pourrait être relevée dans les seins d'une femme n'est pas forcément la même que celle relevée dans le sang. Vous pouvez, en effet, avoir une concentration de génistéine importante dans votre sang, et quasi nulle dans vos seins ou inversement, selon des modalités qui restent encore à explorer.

Le docteur D. F. Hargreaves et son équipe, du groupe Biology Epithelial à l'Institut Paterson de recherches pour le cancer (États-Unis), a effectué une expérience intéressante : quatre-vingt-quatre jeunes femmes avant la ménopause reçurent pendant deux semaines 45 mg d'isoflavones par jour dans leur alimentation. Elles subirent des biopsies de seins avant et à la fin des quatorze jours que dura l'expérience.

Premier fait marquant : les concentrations de génistéine et de daidzéine étaient plus élevées dans les seins qu'en d'autres parties du corps aussi bien avant le début de l'expérience qu'après ! Cette constatation illustre parfaitement ce que j'écris plus haut : les concentrations sanguines de phytoestrogènes ne sont pas forcément corrélées à celles des différents tissus de l'organisme.

Deuxième fait marquant : les cellules mammaires ne montrèrent qu'une faible réponse estrogénique à cette supplémentation de deux semaines en isoflavones.

Troisième fait marquant : aucun effet antiestrogénique ne fut remarqué par les chercheurs.

Certes l'expérience fut courte mais ses conclusions illustrent parfaitement la difficulté que nous avons aujourd'hui à comprendre l'effet des phytoestrogènes sur les cellules mammaires.

Alors, peut-on tenir comme certain que les isoflavones de soja sont responsables de la faiblesse de fréquence des cancers du sein en Asie ? Certes non ! Méfiez-vous des raccourcis. Je vous rappelle que les matières grasses étaient, encore récemment, les coupables désignées du cancer du sein jusqu'à ce que, après plusieurs années, les études épidémiologiques viennent mettre définitivement hors de cause ces prétendues responsables,.

Est-ce à dire que les isoflavones ne jouent aucun rôle ? Personne, aujourd'hui, ne peut répondre scientifiquement à cette question, mais il faut noter qu'un grand nombre d'expériences de laboratoire et quelques études effectuées auprès des femmes (dont aucune n'emporte la conviction définitive) laissent supposer l'existence d'une forme d'action protectrice des isoflavones de soja.

Les arguments de laboratoire

La plupart des travaux de laboratoire sont effectués soit sur des cultures de cellules cancéreuses humaines (et donc éloignées de la réalité), soit, le plus souvent, sur des rongeurs. Ces derniers nous permettent d'obtenir des résultats fort intéressants ; ils autorisent, en effet, à relier un fait à une cause : si l'alimentation de rates est supplémentée en phytoestrogènes, à la suite de quoi tel ou tel phénomène se produit, la démonstration est solide. Deux problèmes cependant. Le premier : ces méthodes sont difficilement extrapolables aux femmes ; la durée de vie des rongeurs est brève en comparaison de celle des êtres humains (de un à trois ans), et il n'est pas sûr que ces animaux réagissent de la même façon que les femmes, même si les analogies sont nombreuses – tout dépend du choix de ces rongeurs comme animaux d'expérimentation. Second problème : les doses utilisées sont, en général, très largement supérieures à celles utilisées dans l'alimentation réelle d'un être humain.

Les chercheurs, ici comme ailleurs, mènent leur enquête à la manière du détective d'un *thriller*. L'hypothèse à démontrer est que les phytoestrogènes sont effectivement des « calmants » pour les cellules des seins. Si elle est bonne, il convient non seulement d'en apporter la preuve mais de démonter les mécanismes intimes du processus. Il est vrai que les glandes mammaires sont riches en récepteurs alpha (de type I) au contraire du système nerveux central, ou du squelette, ou des vaisseaux sanguins qui, eux, sont riches en récepteurs bêta. Les seins ne devraient donc pas être stimulés par les phytoestrogènes puisque (nous l'avons vu p. 191) les isoflavones de soja activent particulièrement les récepteurs bêta. Cependant, l'effet calmant des phytoestrogènes n'est pas du tout clairement établi à ce jour. La piste des récepteurs est excellente, mais il en existe d'autres.

Les arguments de laboratoire qui vont dans le bon sens

De très nombreux chercheurs ont mis en évidence, mais seulement en laboratoire, un certain nombre de propriétés particulièrement intéressantes des isoflavones de soja.

Ainsi, les phytoestrogènes semblent capables d'interférer avec un certain nombre d'enzymes aux noms plus ou moins barbares tels que la *pyruvate kinase* ou encore la *topo isomérase*, enzymes qui favorisent la prolifération des cellules. De manière assez consensuelle, on estime que les isoflavones sont des molécules capables d'inhiber, de freiner ces enzymes.

Mais il y a plus, toujours en laboratoire. Considérons d'autres enzymes, qui permettent la synthèse des hormones estrogènes, telles que *l'aromatase* ou la *17 bêta hydroxy deshydrogénase*, et prenons l'exemple de l'enzyme aromatase : sa tâche consiste à transformer les hormones mâles (par exemple la testostérone) en estrogènes.

S'ils inhibent d'une certaine manière des

enzymes qui encouragent les cellules à se multiplier et à croître ou encore s'ils bloquent les enzymes qui concourent à l'augmentation de la quantité d'estrogènes dans le sang, les phytoestrogènes de soja pourraient revendiquer une action anticancéreuse.

Une très jolie étude publiée par le docteur M. C. Pagliacci et ses collaborateurs en 1994 dans l'*European Journal of Cancer* donne un bon exemple des travaux actuellement mis en œuvre pour tenter d'élucider les mécanismes d'action des phytoestrogènes sur les cellules. Il s'agit d'une étude *in vitro* : elle porte sur des cellules cultivées en laboratoire et non sur des êtres humains. Les chercheurs ont alimenté des cellules cancéreuses de seins de femmes avec de la génistéine, et ont observé les conséquences : la génistéine est effectivement capable, *in vitro*, d'arrêter la croissance des cellules humaines cancéreuses du sein. Le docteur Pagliacci pense que c'est en inhibant les enzymes tyrosine kinases que les isoflavones de soja (ici la génistéine) sont capables de produire cette action bénéfique.

La palme des travaux consacrés à ce sujet revient certainement au docteur Mark J. Messina. En 1994, celui-ci a réussi le tour de force de répertorier toutes les études de valeur ayant cherché à démontrer un quelconque effet *in vitro* ou *in vivo* du soja sur le risque de cancer du sein. Il trouve à cette date vingt-six travaux dignes d'intérêt, parmi lesquels huit ont porté sur l'effet protecteur du soja ou des isoflavones de soja sur le cancer du sein provoqué chez des animaux.

Cinq études sur huit (sept de ces études étaient faites sur des rats, une sur des souris) concluaient à un effet protecteur du soja. Notons que les trois études restantes, dont les résultats n'ont pas mis en évidence cet effet protecteur, ne montraient aucune aggravation des cellules cancéreuses.

Depuis maintenant une dizaine d'années, d'autres médecins tentent, chacun dans son laboratoire, de décortiquer, d'affiner, de produire des preuves et des contre-preuves de cet effet supposé anticancéreux des isoflavones de soja. Et c'est ainsi qu'entre autres études, celle du docteur T. Hirano, réalisée en 1990, fait apparaître que les phyto-estrogènes sont capables, en laboratoire, d'inhiber la croissance des cellules mammaires humaines dans une proportion de 18 à 20 pour cent !

Le docteur Coral A. Lamartinière (États-Unis, département de pharmacologie et de toxicologie de l'université d'Alabama à Birmingham), que nous avons rencontré au Congrès mondial sur la ménopause à Sydney, en novembre 1996, communiquait à l'époque une étude intéressante. On sait qu'il est possible de provoquer des cancers de la mamelle chez les rates en les soumettant très tôt dans leur vie à des stimulations chimiques. Or Lamartinière est parvenu à démontrer qu'on pouvait protéger les bébés rates exposées au toxique en les nourrissant de génistéine !

Quant au docteur Stephen Barnes, qui travaille dans la même université que Coral Lamartinière mais au département de biochimie et de pharmacologie, il teste aussi, avec ses collaborateurs, les effets potentiels de la génistéine et de la daidzéine sur la croissance de cellules humaines cancéreuses du sein dans des cultures cellulaires. L'expérience porte également sur des cellules cancéreuses de prostate, avec les mêmes résultats positifs : il réussit à démontrer une réduction de la taille des tumeurs.

J'arrête ici l'énumération de ces nombreuses études, qui vont presque toutes dans le même sens. Je vous invite cependant à ne pas en tirer des conclusions trop hâtives et trop enthousiastes : il ne s'agit ici que d'expériences de laboratoire faites sur des animaux ou des cultures de cellules humaines ; leurs résultats n'ont pas force de preuve !

Et les arguments de laboratoire qui vont dans le mauvais sens...

Il y en a aussi, même s'ils sont peu nombreux. Ainsi, le docteur G. M. Twaddle (États-Unis, hôpital Evanston, dans l'Illinois) ne parvient pas, lui, à démontrer une quelconque activité anti-tyrosine kinase lorsqu'il ajoute de la génistéine à des cultures cellulaires de sein en laboratoire.

Le docteur W. G. Helferich, dans une conférence donnée à Bruxelles en 1996, fait état d'une étude montrant que des tumeurs avaient eu tendance à augmenter sous l'effet de l'administration de génistéine.

Plus récente, l'étude du docteur Halakivi-Clarke. Celui-ci alimente des rates enceintes en génistéine et les soumet à des conditions dont on sait qu'elles provoquent facilement des tumeurs du sein chez ces animaux. Le fait d'avoir absorbé de la génistéine pendant leur grossesse expose ces rates plus que les autres au développement des tumeurs !

Les études qui contredisent les belles conclusions évoquées plus haut existent donc. Ces hésitations doivent vous faire comprendre comment avancent la science et la recherche : à petits pas. Ne peuvent être tenus comme scientifiquement admis de façon définitive que les faits reproductibles par tous, en l'absence de toute ambiguïté.

Les études réalisées auprès des femmes

Elles existent, certes, mais aucune ne peut emporter la conviction. Je tiens à faire cet avertissement avant d'entrer dans les détails. En effet, aucune étude n'a été réalisée selon la méthodologie « randomisée en double aveugle contre placebo ». Toutes, au contraire, sont des études dites « cas témoins ». Je donne ces précisions techniques parce que, de plus en plus, vous serez conduites à lire dans la presse grand public les conclusions d'articles scientifiques ; il est important que vous soyez capables d'en apprécier la valeur. Préférez toujours les résultats d'une étude menée contre placebo en double aveugle, ce sont les études les plus fiables.

L'étude du docteur Lee

Le docteur H. P. Lee, de l'université nationale de Singapour, a publié, il y a maintenant dix ans, dans le très prestigieux journal scientifique *Lancet* une étude comparant deux cents femmes chinoises de Singapour ayant un cancer du sein avec quatre cent vingt autres n'en ayant pas eu. Il les a soumises chacune à un questionnaire nutritionnel extrêmement précis afin d'évaluer leurs habitudes alimentaires, en particulier les quantités de phytoestrogènes qu'elles absorbaient. Alors qu'il n'a trouvé aucune différence quant aux habitudes alimentaires de ces femmes, qu'elles aient eu ou non un cancer du sein après la ménopause, il met en évidence une forte protection contre cette maladie conférée par l'absorption de phytoestrogènes. Le risque de cancer du sein paraît d'ailleurs diminuer dans les mêmes proportions chez les femmes absorbant beaucoup de bêta-carotènes (précurseur de la vitamine A) et d'acides gras poly-insaturés En revanche, la consommation de viande rouge multiplie le risque par presque deux. Le docteur Lee concluait : « Nos résultats indiquent qu'une alimentation pauvre en graisses et riche en protéines de soja (et si possible associée à d'autres légumes), que les huiles végétales, et que les légumes contenant du bêta-carotène peuvent diminuer le risque de cancer du sein. »

Attention : cette étude n'a pas force de preuve dans la mesure où elle n'a pas été menée contre placebo. Elle serait beaucoup plus convaincante si, parmi ces quelque six cents femmes, trois cents s'étaient vu proposer pendant plusieurs années une alimentation riche en soja tandis que les trois cents autres auraient consommé un placebo, le nombre de cancers du sein à la fin de l'expérience étant comptabilisé à la fin de l'expérience. Si ces études randomisées en double aveugle contre placebo sont rares, c'est qu'elles coûtent fort cher. Enfin, il faut comprendre qu'en matière de cancer du sein une étude de quelques semaines, de quelques mois, voire de quelques années n'a pas grande valeur dans la mesure où la maladie a probablement évolué sur de longues années (dix à quinze ans) lorsque le diagnostic est fait.

L'étude du docteur Ingram

Le docteur David Ingram, du département chirurgical universitaire du centre médical Queen Elizabeth II, à Perth (Australie) a effectué une étude convaincante sur les relations de cause à effet entre la consommation des phytoestrogènes et le risque de cancer du sein. C'est aujourd'hui l'étude dite de référence sur le sujet. Il n'en reste pas moins qu'il ne s'agit pas, non plus, d'une étude randomisée en double aveugle contre placebo mais d'une étude cas témoins, comme celle du docteur Lee.

Sachez qu'il est possible de doser les phytoestrogènes dans les urines : plus la consommation de phytoestrogènes est importante et plus on trouvera leurs dérivés dans les urines. Le docteur David Ingram a comparé cent quarante-quatre femmes ayant eu un cancer du sein à cent quarante-quatre autres femmes témoins d'âge, de revenus, de niveau culturel et de résidence comparables. Le diagnostic de cancer du sein des cent quarante-quatre femmes malades venait d'être fait, et l'expérience commença avant que fût mis en route un traitement anticancéreux. On demanda aux deux groupes de cent quarante-quatre femmes de recueillir leurs urines pendant soixante-douze heures. On dosa alors les isoflavones de soja (daidzéine, génistéine, et equol) et les dérivés des lignanes (cf. p. 10) : l'entérodiol, l'entérolactone...).

Les résultats sont fortement en faveur du rôle protecteur des phytoestrogènes : les femmes ayant un fort taux d'isoflavones dans leurs urines avaient quatre fois moins souvent un cancer du sein.

Rappel : il ne s'agit toujours pas d'une étude randomisée contre placebo en double aveugle, prudence donc quant aux certitudes !

L'étude du docteur A. L. Murkies

Alice Murkies s'est rendue célèbre il y a quelques années en publiant une étude randomisée en double aveugle contre placebo démontrant une diminution des bouffées de chaleur avec une consommation de phytoestrogènes (Fondation Jean Hailes, unité internationale de santé et de développement, université de Monash, à Melbourne, Australie). Au IXe Congrès international sur la ménopause qui s'est tenu à Yokohama (du 17 au 21 octobre 1999), elle a communiqué les résultats d'une étude intéressante qui va dans le même sens que celle du docteur Ingram : vingt femmes dont on vient de diagnostiquer un cancer du sein (depuis moins de quatorze jours, et trois jours au moins avant un recours à la chirurgie) sont comparées à vingt-deux femmes « contrôles » (comparables en tous points si ce n'est qu'elles ne sont pas cancéreuses) au moyen d'un prélèvement d'urines de vingt-quatre heures. Les résultats, fort intéressants, confirment ceux du docteur Ingram : les femmes qui ont un cancer du sein ont des taux de daidzéine et de génistéine plus de deux fois inférieurs à ceux des femmes n'ayant pas de cancer du sein.

L'idée que les femmes ayant un cancer du sein ont des taux urinaires d'isoflavones plus bas que celui des femmes indemnes de cancer semble prendre une certaine consistance ; elle va nourrir le faisceau de présomptions portant sur le rôle protecteur des isoflavones de soja.

Enfin, un autre auteur, le docteur Zhang, trouve exactement les mêmes résultats qu'Ingram et que Murkies.

Ce qu'il faut retenir : Les expériences de laboratoire portant sur des lignées cellulaires de cancer du sein humain ou sur des animaux (rates ou souris) semblent indiquer un effet protecteur des isoflavones de soja contre le risque de cancer du sein. Mais il y a loin des laboratoires aux femmes, et il serait bien imprudent de toujours extrapoler des données expérimentales à la réalité.

— Les résultats ne concernent, pour la plupart, que les isoflavones de soja – qui sont, majoritairement, l'objet de l'attention des chercheurs.

— Certes, les populations asiatiques ont le taux de cancer du sein le plus bas de la planète. Certes, elles absorbent en moyenne pratiquement dix fois plus d'isoflavones par jour que les populations occidentales. De là à conclure que les phytoestrogènes sont responsables de la protection cancéreuse du sein dont les femmes d'Asie semblent jouir, il n'y a qu'un pas mais je vous invite à ne pas le franchir ! En effet, ces femmes ont un mode de vie et un profil mental totalement différents de ceux des Occidentales. Il est vrai qu'au fur et à mesure qu'elles changent de mode de vie, après avoir émigré dans nos contrées ou en adoptant une alimentation occidentale (surtout dans les villes), le risque qu'elles courent d'être victimes d'un cancer du sein rejoint celui des autres femmes ; Mais il est difficile d'en conclure que le soja était ce qui les protégeait auparavant.

— Rappelons, de surcroît, que les Asiatiques consomment des produits dérivés du soja depuis leur naissance ! De nombreux médecins s'interrogent : ne serait-ce pas parce qu'elles sont soumises aux phytoestrogènes depuis leurs premiers jours que les Asiatiques ont un taux de cancer du sein plus bas que celui des Occidentales ? Si l'on devait répondre oui, il n'y aurait plus aucun intérêt – pour le risque de cancer du sein – à s'alimenter en isoflavones alors que l'âge adulte est atteint depuis longtemps.

— Comme nous le savons, le cancer du sein peut être influencé par de nombreuses composantes dont entre autres les xénoestrogènes (cf. p. 64), l'alcool...

BREF : AFFIRMER AUJOURD'HUI QUE LES PHYTOESTRO-GÈNES DE SOJA PROTÈGENT DU CANCER DU SEIN EST MALHONNÊTE. NOUS N'AVONS QUE DES PRÉSOMPTIONS QU'IL CONVIENT DE CONFIRMER OU D'INFIRMER PAR DE NOMBREUSES NOUVELLES ÉTUDES, EN PARTICULIER PAR DES ÉTUDES RANDOMISÉES CONTRE PLACEBO, EN DOUBLE AVEUGLE.

Les autres cancers

Le cancer du côlon

Les Asiatiques ont beaucoup moins de cancers du côlon que nous. Ici aussi, nous pourrions invoquer une quelconque protection génétique, mais nous aurions tort puisque les Asiatiques qui migrent dans les pays occidentaux ne gardent cet avantage qu'à condition de maintenir leurs habitudes alimentaires. Ils la perdent lorsqu'ils adoptent l'alimentation des Occidentaux.

Les études effectuées en laboratoire (répertoriées par le docteur Mark Messina, États-Unis) ne font apparaître qu'une incertitude de la protection par l'absorption d'isoflavones de soja chez des animaux atteints d'un cancer du côlon chimiquement et volontairement provoqué. Une d'entre elles fait apparaître un effet protecteur tandis que deux autres ne montrent aucun effet (ni dans le sens de la protection ni dans le sens de l'aggravation).

Les études ayant porté sur des hommes et des femmes sont au nombre de six. La plupart ne permettent pas de conclure en faveur d'une quelconque tendance à la protection. Tout dépend, dans ce cas comme en d'autres, du type même d'alimentation riche en soja : par exemple le tofu ne semble pas avoir les mêmes effets sur ce risque que la soupe miso. La seule étude menée aux États-Unis (par le docteur Poole) montrait une diminution du risque du cancer du côlon chez ceux et celles qui s'alimentaient avec du tofu plus d'une fois par mois. La méthodologie de cette étude est cependant critiquable – notamment, le nombre d'individus consommant du soja était insuffisant. De toute façon, toutes ces études sont en « cas témoins » et non randomisées en double aveugle contre placebo.

Notons l'étude du docteur Watanabe (Japon). Celui-ci trouve une diminution importante du risque de cancer du rectum chez ceux et celles qui consommaient des dérivés du soja au moins une ou deux fois par semaine. Par contre, en ce qui concerne le risque de cancer du côlon, ce médecin ne trouve aucune différence entre les consommateurs et les non-consommateurs de soja.

Ce qu'il faut retenir : à ce jour, les résultats des études expérimentales et humaines sont trop incertains pour qu'il soit possible d'affirmer que la consommation de produits dérivés du soja protège d'une quelconque manière contre le risque de cancer du côlon ou du rectum.

Le cancer de l'utérus

Le cancer de l'utérus est dans l'immense majorité des cas une tumeur qui débute à l'intérieur même de la cavité utérine. Il consiste en une cancérisation de la muqueuse utérine en un point donné. La muqueuse utérine est ce précieux tissu de chair qui, sous l'influence des hormones, en particulier estrogènes, pousse tout au long du cycle et part avec les règles. La fréquence de ce cancer est différente selon que l'on vive aux États-Unis (vingt-cinq cas pour cent mille femmes), à Singapour ou au Japon (deux cas pour cent mille femmes). Ici aussi, bien que les études soient particulièrement peu nombreuses, le rôle protecteur des isoflavones est souvent évoqué.

Fait avéré, les phytoestrogènes n'ont, au contraire des estrogènes produits par les ovaires ou administrés par voie médicamenteuse, aucune action stimulatrice de cette muqueuse. D'ailleurs, les Asiatiques qui s'alimentent traditionnellement avec les produits dérivés du soja après leur ménopause n'ont pas de règles pour autant !

Les mécanismes selon lesquels les isoflavones de soja seraient susceptibles de protéger les femmes contre le cancer de l'utérus sont multiples et complexes. Ils ont été, pour la plupart, exposés plus haut : inhibition de certaines enzymes telles que l'aromatase qui transforment les hormones mâles normales des femmes même ménopausées en estrogènes actifs, inhibition de la bêta hydroxy-déshydrogénase, enzyme qui transforme certains estrogènes faibles en estrogènes forts tels que le 17 bêta estradiol. N'oublions pas non plus l'action antityrosine kinase, enzyme qui, lorsqu'elle est en liberté, est susceptible d'augmenter la puissance de multiplication des tumeurs. Enfin, on évoque aussi beaucoup aujourd'hui la production par la muqueuse utérine soumise à la génistéine de molécules protectrices : les phosphatases alcalines.

Ce qu'il faut retenir : il est aujourd'hui totalement prématuré d'attacher aux isoflavones de soja un quelconque effet protecteur de la muqueuse utérine contre le risque de cancer de l'utérus. Il n'en reste pas moins que, contrairement aux estrogènes et aux hormones de synthèse telles que le tamoxifène (utilisé pour la prévention des récidives de cancer du sein), les phytoestrogènes n'ont aucune action de stimulation de la muqueuse utérine. De là à faire d'eux une assurance tous risques anticancer de l'utérus, le pas est grand ; il est préférable de ne pas le franchir.

Le cancer de l'estomac

Les Asiatiques, les Japonais en tête, ont beaucoup plus de cancers de l'estomac que les Occidentaux. Faut-il en attribuer la responsabilité aux phytoestrogènes de soja ?

Retournons ici encore une fois vers le bon docteur Marck Messina. Dans son étude répertoriant tous les travaux dignes d'intérêt, se trouvent deux recherches expérimentales ayant porté sur des rats nourris au miso. Leurs résultats n'emportent pas la conviction puisque l'une d'entre elles fait apparaître un effet protecteur, tandis que l'autre (effectuée par le docteur Watanabe, du Japon) ne montre aucun effet du tout, ni protecteur ni stimulateur.

Sur quatorze études humaines, une partie fait apparaître une diminution du risque, une autre ne permet pas de conclure, une troisième, enfin, conclut à une augmentation du risque. Beaucoup de médecins pensent que l'incidence élevée du cancer de l'estomac en Asie est à relier à la salaison souvent intense des aliments, comme c'est le cas pour le miso.

Ce qu'il faut retenir : les isoflavones de soja ne semblent pas avoir d'action intéressante dans ce contexte. La fréquence importante du cancer de l'estomac en Asie porte cependant les soupçons sur l'alimentation traditionnelle.

Le cancer de la peau

Des études expérimentales faites sur des cancers de la peau induits chimiquement chez des animaux semblent montrer une action éventuellement protectrice de la génistéine lorsqu'elle est appliquée localement.

En conclusion : aussi bien les résultats des études expérimentales que les études humaines déjà effectuées nous interdisent de conclure à un quelconque effet protecteur des isoflavones de soja contre le cancer quelle que soit sa localisation. Les études expérimentales effectuées sur les animaux ne permettent de conclure qu'à une tendance à la protection (65 % des études vont dans ce sens). À noter : aucune des études expérimentales n'a mis en évidence une augmentation de risque de cancer par absorption ou application d'isoflavones de soja.

Il est indispensable, pour aller plus loin, de prendre en compte les produits du soja utilisés dans chacune de ces études. Il semble bien que les expériences ayant exclu le miso soient plus favorables à l'hypothèse d'une protection – quel que soit le type de cancer envisagé. Il n'en reste pas moins que, pour un esprit scientifique, la démonstration d'une protection anticancéreuse reste un peu courte. Il faut savoir attendre, sans enthousiasme délirant mais aussi sans négativisme, que tous les éléments de la recherche se mettent en place pour que des études rigoureuses viennent confirmer ou infirmer nos espoirs.

Le soja anticancer ?

Les hypothèses.

Les isoflavones ont une action antiradicaux libres et antioxydantes.

La génistéine inhibe des enzymes essentielles à la croissance de la tumeur telles que les tyrosine kinases.

Les isoflavones freinent la croissance des petits vaisseaux artériels et veineux essentiels à la croissance de la tumeur.

Les isoflavones de soja encouragent les cellules à ne pas « s'éterniser » : en mourant et en donnant naissance facilement à des cellules filles, celles-ci contribuent à écarter les risques de la cancérisation. Ce phénomène appelé, en médecine, l'apoptose, est essentiel pour l'organisme qui désire conserver des cellules jeunes et saines.

Actions favorables comparées sur		
	Estrogènes classiques (THS)	Phytoestrogènes de soja
Bouffées de chaleur	oui	oui
Sécheresse vaginale	oui	peut-être
Sécheresse cutanée	oui	?
Douleurs articulaires et musculaires	oui	?
Sommeil	oui	?
Moral, mémoire, concentration	oui	?
Amélioration des graisses sanguines	oui (formes orales seulement)	oui
Augmentation du calibre et action sur les parois des artères	oui	peut-être
Diminution du risque de maladie d'Alzheimer	peut-être	?
Diminution du risque de cancer du côlon	peut-être	?
Diminution du risque de cancer du sein	non	peut-être
Actions défavorables comparées, effets secondaires		
Prise de poids	possible	non
Risque de phlébite, de thrombose veineuse	possible	non
Douleurs des seins	possible	non
Entretien de fibromes de l'utérus, d'endométriose, de polypes	oui	non
Saignements, règles	possibles	non

11

Toutes les questions que vous vous posez sur les phytoestrogènes et le soja

Les bouffées de chaleur, les suées, les palpitations et les isoflavones

Les phytoestrogènes ont-ils toujours une action favorable sur les bouffées de chaleur ?

Presque toujours. Toutefois, dans quelques cas, l'amélioration est si faible que l'administration de phytoestrogènes apparaît sans intérêt. Vérifiez alors la nature et la posologie de ce que vous consommez. Il convient ensuite, soit d'augmenter les quantités, soit de changer de marque de complément alimentaire ou de produits dérivés du soja pour le cas où leur inefficacité serait la conséquence d'une mauvaise qualité des marques.

L'effet des isoflavones est-il comparable à celui du traitement hormonal substitutif ?

Non. La plupart des études randomisées en double aveugle contre placebo consacrées aux isoflavones de soja et aux bouffées de chaleur font apparaître une efficacité qui plafonne à 45-50 % de diminution des symptômes. Le traitement hormonal substitutif, lui, est efficace à plus de 90 %.

La quantité de milligrammes d'isoflavones par gélule, comprimé, etc., est en principe toujours indiquée clairement sur l'emballage : vous devez vous y référer.

Jusqu'où peut-on augmenter la posologie en cas d'inefficacité ?

Nous avons ici affaire à des compléments alimentaires ou, si vous avez fait l'option de transformer votre alimentation, à une alimentation extrêmement riche en soja. Les différentes études dont nous disposons témoignent que, dans certaines parties du Japon, on absorbe jusqu'à plus de 200 mg d'isoflavones par jour.

Les problèmes intestinaux empêchent-ils les isoflavones d'agir ?

Certainement. Pour que les phytoestrogènes soient convertis en produits actifs (génistéine et daidzéine), nous avons besoin de l'intégrité des fonctions intestinales, notamment d'une flore intestinale particulièrement active puisqu'elle a la responsabilité de cette transformation. Cela vous explique que certains états de diarrhée, de colites chroniques, de prise d'antibiotiques (qui détruisent la flore intestinale), puissent empêcher la transformation des produits que vous ingérez en molécules actives.

L'amélioration des bouffées de chaleur est-elle immédiate ?

Lorsque vous adoptez un traitement hormonal substitutif de la ménopause (estrogènes classiques), il vous faut en général attendre entre dix et douze jours pour obtenir la pleine efficacité du traitement. En ce qui concerne les phytoestrogènes, il vous faudra sans doute attendre plus longtemps : trois à neuf semaines sont souvent nécessaires avant que soit enregistré un effet positif. En cas d'inefficacité après douze semaines, changez de produit, refaites vos comptes en milligrammes d'isoflavones (75 à 100 milligrammes par jour sont nécessaires), ou considérez que vous êtes de celles auxquelles les isoflavones ne font pas d'effet dans ce contexte.

Peut-on associer les isoflavones de soja aux médicaments non hormonaux habituellement prescrits pour les bouffées de chaleur et les suées ?

Ces médicaments non hormonaux sont au nombre de deux : l'Agreal® et l'Abufène®. À ma connaissance, aucune étude scientifique n'a été entreprise dans le but de démontrer qu'il existe une efficacité supérieure en cas d'association des isoflavones et de l'un ou des deux médicaments cités.

Il est possible cependant que l'on obtienne une meilleure efficacité en associant ces médicaments (isolément ou ensemble) aux isoflavones.

Peut-on associer les isoflavones au traitement hormonal substitutif de la ménopause ?

Cela peut être intéressant dans le cas où, des raisons diverses, il est impossible d'augm la posologie des estrogènes du THS malgré persistance des quelques bouffées de chaleu des suées. Voici l'exemple type : une femme mente les estrogènes de son THS suffisamm pour supprimer ses bouffées de chaleur, mais subit en retour quelques conséquences nég du nouveau traitement (douleurs des kystes...) ; elle diminue alors les estrogèn son THS mais retrouve une partie de se fées de chaleur et de ses suées. L'asso d'isoflavones de soja au THS devrait être alors – théoriquement – susceptible d'offrir une solution. Il existe différentes études (non randomisées et sans placebo) qui, ici et là, ont associé THS et iso-flavones. Aucune n'avait pour but final de répondre à la question posée ici. Nous pouvons cependant penser, dans l'attente d'autres études, que cette stratégie ne comporte pas de danger. En d'autres termes, « si elle ne fait pas de bien, elle ne doit pas faire de mal et elle fait peut-être du bien ! ».

Je signale ici que nous associons souvent THS et Abufène® ou THS et Agreal®, voire THS plus Agreal® plus Abufène® lorsque nous sommes confrontés à des bouffées de chaleur et/ou des suées particulièrement résistantes. Les résultats de ces associations restent néanmoins aléatoires.

À quel moment de la journée doit-on absorber les isoflavones de soja ?

Tout naturellement au moment des repas. N'oubliez pas qu'il s'agit d'aliments (véritables si vous optez pour la version produits dérivés du soja : tofu, lait de soja, yaourts ɘ soja ; ou sous forme de compléments alimen⁻ ; si, comme beaucoup d'autres, vous êtes h à l'idée de changer vos habitudes alimentaiˑ identales). Le déjeuner et le dîner sont de oments privilégiés pour ingérer les isofl elle que soit la forme choisie.

Est-ce que les phytoestrogènes sont efficaces pour combattre les suées ?

Oui. De nombreuses études randomisées contre placebo en double aveugle ont inclus les suées parmi les symptômes étudiés. Il ne faut pas oublier que nous considérons que suées et bouffées de chaleur sont deux aspects du même symptôme, ressenti à des degrés d'intensité divers.

En cas d'arrêt, est-ce que les symptômes réapparaissent ?

Les bouffées de chaleur et les suées sont un symptôme généralement durable. Il est rare, mais cela peut arriver, qu'elles disparaissent quelques mois seulement après être survenues. Il existe des femmes qui les garderont quelques années, d'autres toute leur vie. Lorsque vous arrêtez un traitement hormonal substitutif de la ménopause, vous constatez que les bouffées de chaleur reviennent en général dix à quinze jours plus tard. Il en est de même pour les phytoestrogènes.

Si j'augmente la quantité de phytoestrogènes parce que, à dose normale, mes bouffées de chaleur persistent, est-ce que je risque d'avoir les seins douloureux ?

C'est ce qui arriverait si vous augmentiez les estrogènes de votre THS (traitement hormonal substitutif classique de la ménopause). Mais, dans le cas des phytoestrogènes, vous n'avez aucune crainte à avoir : reportez-vous aux pages de ce livre consacrées aux seins et vous apprendrez que l'effet des phytoestrogènes est de nature à « endormir » les seins, au contraire de celui des estrogènes classiques qui sont, eux, plutôt « excitants ».

Les compléments alimentaires ne seraient-ils pas plus efficaces sur les bouffées de chaleur que les aliments à base de soja, et vice versa ?

Il ne semble pas. Les études consacrées à ce sujet utilisent indifféremment les protéines de soja et les compléments alimentaires. Ce qui compte, c'est la quantité en milligrammes d'isoflavones : 75 à 100 mg par jour sont la posologie habituellement admise comme efficace.

Comment puis-je savoir si je dois continuer d'absorber des isoflavones ?

C'est très simple : il vous suffit d'arrêter. Vous recommencerez si, et seulement si, les bouffées de chaleur réapparaissent.

Peut-on prendre des isoflavones de soja pour soulager les bouffées de chaleur provoquées par le médicament Tamoxifène® ?

Le Tamoxifène® est ce que l'on appelle un SERM (cf. p. 14). Il s'agit d'une hormone de synthèse antiestrogénique. Elle est utilisée dans le cadre précis de la lutte contre les récidives de cancer du sein. Cette hormone, si elle est réellement efficace, n'en augmente pas moins souvent le nombre et l'intensité des bouffées de chaleur chez des femmes qui, par ailleurs, se voient interdire le THS (dont c'est une des rares contre-indications formelles). L'idée d'administrer des isoflavones de soja paraît pertinente mais je vous le déconseille pour deux raisons principales :

— une étude randomisée en double aveugle contre placebo (États-Unis, clinique Mayot, Rochester) n'a prouvé aucune efficacité des isoflavones de soja sur les femmes sous Tamoxifène®. Il s'agit d'une étude récente, parue dans une revue cancérologique américaine le 29 février 2000.

— Tamoxifène® et phytoestrogènes sont des hormones qui, en quelque sorte, utilisent les mêmes récepteurs, ces « serrures » auxquelles il leur faut s'attacher pour agir, c'est-à-dire déterminer l'effet de l'hormone administrée. En l'occurrence il s'agit des récepteurs alpha (de type I). L'administration conjointe de Tamoxifène® et d'isoflavones de soja reviendrait donc à soumettre ces récepteurs alpha à deux ordres contradictoires : celui du Tamoxifène® qui est résolument antiestrogénique (il bloque complètement la « serrure ») et celui des phytoestrogènes qui est, je vous le rappelle, légèrement estrogénique (quoique ceux-ci se lient plus volontiers aux récepteurs II de type bêta). Ce double feu pourrait entraîner à terme une moindre efficacité du Tamoxifène®, c'est-à-dire une moindre protection contre les récidives et les métastases du cancer traité. D'autre part, l'administration de phytoestrogènes à une femme qui a eu un cancer du sein, même si elle n'est pas sous Tamoxifène®, doit être mûrement réfléchie dans la mesure où il est encore difficile d'affirmer l'innocuité de ces molécules végétales sur d'éventuelles cellules cancéreuses résiduelles. Ce dernier aspect de la question reste très débattu, nous le verrons. Pour retenir les phyto-estrogènes comme molécules capables de prévenir la survenue d'un cancer du sein, voire de diminuer le risque de récidive, il faudra que soient apportées des preuves solides, étayées par des études scientifiques rigoureuses.

Les isoflavones sont-elles capables de soulager les palpitations et l'angoisse qui accompagnent parfois les bouffées de chaleur ?

Il est vrai que certaines femmes peuvent prédire la survenue de leurs bouffées de chaleur par les palpitations et les sensations d'angoisse qui les précèdent de quelques secondes. Parfois, ces manifestations ne précèdent pas le symptôme mais, au contraire, le suivent. Comme nous le savons, les isoflavones de soja sont susceptibles d'améliorer de façon probante le nombre et l'intensité des bouffées de chaleur. Il est probable qu'elles agissent pareillement sur les palpitations et les angoisses contemporaines du symptôme, même si aucune étude n'a tenté de confirmer le fait.

Les phytoestrogènes soulagent-ils les bouffées de chaleur de l'homme ?

L'homme peut ressentir à certains moments de sa vie des symptômes comparables à ceux des femmes. Il ne s'agit pas, en général, des conséquences d'une carence hormonale même si, parmi les symptômes de l'andropause, il a été répertorié la survenue possible de bouffées de chaleur. Ces désagréments sont plutôt provoqués par le stress, la fatigue, l'alcool, la digestion, le mauvais sommeil...

Quoi qu'il en soit, à ma connaissance, aucune étude n'a essayé de prouver l'éventuelle efficacité des isoflavones dans ce contexte. Leur action en cas d'andropause pourrait constituer un sujet d'étude intéressant.

Les phytoestrogènes de soja peuvent-ils soulager les transpirations excessives, les bouffées de chaleur, les suées qui surviennent avant la ménopause ?

De deux choses l'une. Soit le symptôme est contemporain de la périménopause, cette période de quatre à cinq ans qui, ayant commencé vers l'âge de quarante-cinq ans, précède la survenue de la ménopause, soit il survient chez des femmes dont le fonctionnement ovarien est encore parfaitement normal. Dans le premier cas, les isoflavones peuvent limiter le nombre, l'intensité, la durée des bouffées de chaleur et des suées qui surviennent au gré des arrêts et des reprises de fonctionnement ovarien, sur un rythme extrêmement fantaisiste. Dans le second cas, si vous n'avez pas encore atteint l'âge de la périménopause, si vos bouffées de chaleur, transpirations, et autres suées sont sans rapport avec votre fonctionnement hormonal, il est vain d'attendre quelque effet que ce soit de l'absorption d'isoflavones de soja. Vous devez porter votre attention sur votre hygiène de vie : vous y trouverez sans doute trop de toxiques (tabac, alcool, alimentation déséquilibrée, stress...) et pas assez d'antidotes (sport, repos, relaxation...).

Soja, isoflavones et traitement hormonal substitutif de la ménopause (THS)

Les isoflavones de soja peuvent-elles remplacer le traitement hormonal substitutif de la ménopause ou de la périménopause ?

Non. Le THS est d'une efficacité quasi totale à effacer tous les symptômes de la carence estrogénique : il vous rend en moins de deux semaines la qualité de vie que vous aviez perdue. De surcroît, il a prouvé sa capacité de prévenir les dégâts de l'ostéoporose et son aptitude à réduire de façon sensible le risque d'accidents cardio-vasculaires (infarctus du myocarde et accidents vasculaires cérébraux).

Les phytoestrogènes sont loin du compte. Ils s'adressent aux femmes qui ne peuvent pas ou ne veulent pas de THS pour une raison ou pour une autre. Ils constituent une alternative qui tient moins facilement ses promesses que les « vrais » estrogènes. En revanche, l'absence de contre-indication à l'absorption de soja ou de compléments alimentaires à base d'isoflavones de soja et l'absence quasi totale d'effets secondaires constituent des atouts non négligeables.

Peut-on associer la prise d'isoflavones avec le THS ?

Malheureusement, nous ne disposons pas d'études probantes sur l'innocuité à moyen ou à long terme de cette association. Seul indice : les nombreux arguments de laboratoire et les travaux effectués auprès des femmes laissent à penser que cette association ne comporte pas de danger particulier. Il serait mieux de le prouver. D'autre part, l'opportunité de cette association reste encore spéculative pour les mêmes raisons : nous manquons encore singulièrement de résultats sûrs. Pourtant, beaucoup de gynécologues associent sans hésitation les deux concepts dans le but louable de trouver un traitement adapté à chaque patiente. Certains d'entre eux spéculent même (aucun fait scientifique ne permet d'affirmer qu'ils ont raison) sur un effet protecteur du THS contre le risque de cancer du sein. Si elle était vérifiée, cette hypothèse serait porteuse d'un grand espoir mais, aujourd'hui, elle n'est encore qu'un sujet de recherche.

Précisons, pour conclure, que les Asiatiques ménopausées qui suivent un THS ne se voient pas interdire, jusqu'à plus ample informé, leur alimentation traditionnelle à base de soja !

Les isoflavones ont-elles les mêmes contre-indications que le THS ?

Certes non. Je vous rappelle que les isoflavones ne sont pas des médicaments mais des nutriments

contenus dans les aliments ou dans les compléments alimentaires ; on ne connaît pas de contre-
indications médicales strictes à l'absorption de soja
ou d'isoflavones de soja. Seules les personnes allergiques ou souffrant d'une intolérance intestinale
s'en détourneront logiquement. La question de
l'administration d'isoflavones à des femmes ayant
eu un cancer du sein est traitée plus haut. Je vous
rappelle que des millions d'Asiatiques ont absorbé
pendant des millénaires entre 50 et 200 mg d'isoflavones par jour sans préjudice : vous le savez à
présent, on s'interroge sur l'éventuelle protection
sanitaire que pourrait offrir cette administration
chronique de dérivés du soja (en Asie, on rencontre beaucoup moins de cancers du sein, de
l'utérus, beaucoup moins d'ostéoporose, beaucoup
moins de cancers de la prostate...).

Les deux principales contre-indications du THS
sont les antécédents de phlébite et de thrombose
veineuse avec, éventuellement, embolie pulmonaire, et les antécédents de cancer du sein. Dans le
premier cas (antécédents de thrombose veineuse
et de phlébite), les phytoestrogènes peuvent être
consommés de façon tout à fait sûre.

Les isoflavones ont-elles les mêmes effets secondaires que le traitement hormonal substitutif ?

Elles n'en ont aucun et c'est bien là leur intérêt :
pas de saignements possibles, pas de douleurs de
seins, pas de gonflements... La consommation
d'isoflavones ne peut provoquer que quelques cas
d'allergies, d'intolérances gastriques ou intestinales, rien de gênant.

Faut-il prendre de la progestérone ou du yam avec les phytoestrogènes, de la même manière que l'on prend de la progestérone ou des progestatifs avec les estrogènes du THS ?

La progestérone ou les progestatifs sont inclus au THS pour contrebalancer l'effet « excitant » des estrogènes sur la muqueuse utérine, dans le but de ne pas augmenter le risque de cancer de l'utérus. Rajouter de la progestérone ou des progestatifs, (ou ce que l'on imagine à tort être un équivalent de la progestérone, le yam), participerait d'une démarche erronée dans la mesure où, nous le savons, les phytoestrogènes de soja ont, sur la muqueuse utérine, un effet contraire à celui des estrogènes médicamenteux ou ovariens : les isoflavones de soja non seulement ne font pas pousser la muqueuse utérine mais auraient tendance à l'endormir ! Soyez sûres que les Asiatiques qui, après leur ménopause, continuent de manger leur cuisine traditionnelle, c'est-à-dire entre 50 et 200 mg par jour d'isoflavones de soja, n'ont jamais ajouté à leur alimentation quelque molécule de progestérone que ce soit.

Le yam fait partie de ces molécules dont on ne sait aujourd'hui pratiquement rien. Il s'agit d'hormones végétales auxquelles leurs promoteurs prêtent des vertus proches de celles de la progestérone. Leur origine « naturelle » leur confère, selon eux, une supériorité sur la progestérone synthétique. Qu'il vous soit proposé sous forme de comprimés, de gélules ou de crème cutanée, le yam n'a aucune vertu démontrée : non seulement sa proximité avec la progestérone n'a rien de sûr mais ses éventuels effets négatifs sont tout simplement ignorés – les études consacrées à ce concept sont quasi inexistantes !

Le docteur A. Cooper et son équipe de l'hôpital du Kings College à Londres ont voulu en avoir le cœur net : le yam pouvait-il être comparé à la vraie progestérone ? Ils ont élaboré une étude randomisée en double aveugle contre placebo qui a duré au total trente-trois jours. Les vingt femmes qui participèrent à l'étude furent choisies parmi celles qui avaient déjà subi auparavant une hystérectomie (ablation de l'utérus) et une ovariectomie (ablation des deux ovaires), cela pour éviter les interférences hormonales qui n'auraient pas manqué de survenir si les ovaires avaient été présents. Elles appliquèrent pendant dix jours sur la peau soit Progest®, soit une crème placebo. Puis, elles reçurent de la vraie progestérone, la spécialité Utrogestan®, une molécule médicamenteuse en vente dans nos pharmacies et remboursée par la Sécurité sociale, exacte réplique de la molécule progestérone naturelle fabriquée par les ovaires. Les résultats de l'étude sont très mauvais pour le yam : les concentrations sanguines de progestérone relevées chez les femmes qui avaient reçu la crème contenant du yam étaient extrêmement faibles. Les auteurs de l'étude concluent : « Les chiffres de progestérone sanguine obtenus avec Progest® ne pourraient pas, à notre avis, protéger l'utérus d'une stimulation de la muqueuse utérine par l'administration d'estrogènes médicamenteux. Nous serions extrêmement surpris que ces faibles valeurs puissent avoir un quelconque autre effet biologique. »

Les choses sont donc claires : si vous suivez un THS, vous ne devez pas remplacer votre progestérone ou votre progestatif par le yam – ce serait dangereux, et vous augmenteriez sans doute votre risque d'être victime d'un cancer de l'utérus. Si vous n'utilisez que des phytoestrogènes de soja, vous n'avez besoin ni de progestérone ni de progestatif, ni... de yam.

Cette étude a été présentée par les auteurs au IXe Congrès mondial international sur la ménopause de Yokohama.

L'association d'isoflavones de soja au THS pourrait-elle permettre de diminuer les quantités d'hormones composant le THS ?

Nous n'avons pas d'étude qui nous permette de répondre à cette question. Nous en sommes réduits à spéculer. Il est possible que les doses d'estrogènes nécessaires puissent être moins importantes dans la mesure où les phytoestrogènes ont sur certains récepteurs les mêmes actions que les estrogènes classiques (pour les bouffées de chaleur, la fragilité des os, les graisses sanguines). Mais il est possible aussi, pourquoi pas ? que les phytoestrogènes entrent en compétition avec les estrogènes classiques du THS et puissent donc en inhiber une partie.

Quant à la progestérone ou aux progestatifs, les choses sont claires : l'adjonction de phytoestrogènes au THS n'autorise absolument aucune diminution de leur posologie.

Est-il dangereux d'associer le THS avec les phytoestrogènes ?

Aucune étude scientifique suffisamment documentée ne permet de répondre à cette question.

En attendant, quoique ce ne soit guère satisfaisant, il est possible de se rassurer en considérant que c'est exactement ce que font les femmes asiatiques ménopausées qui sont traitées par un THS : elles n'interrompent pas pour autant leur alimentation traditionnelle.

Peut-on diminuer les sensations douloureuses des seins en associant des phytoestrogènes au THS ?

Lorsqu'une femme qui suit un THS ressent des manifestations mammaires indésirables, la meilleure stratégie consiste à diminuer la quantité d'estrogènes administrée jusqu'à ce qu'elle retrouve le confort. L'adjonction de phytoestrogènes ne pourrait être envisagée (d'une façon à ce jour purement spéculative) que dans les situations où la quantité d'estrogènes nécessaire pour obtenir le bien-être mammaire n'est plus assez grande pour éliminer les bouffées de chaleur ; dans ce contexte, même si l'adjonction de phytoestrogènes n'a pas fait ses preuves, elle semble être une démarche logique.

Peut-on diminuer l'abondance et la longueur des règles d'un THS en lui associant des phytoestrogènes ?

L'augmentation des saignements pendant les règles est un phénomène indésirable relativement fréquent sous THS. Il peut avoir diverses causes telles que la présence de polypes, d'un fibrome de la variété intracavitaire (pareil à un battant de cloche placé à l'intérieur de la cavité de l'utérus), d'endométriose... Il peut aussi être expliqué par un surdosage des estrogènes administrés. Selon les cas, la solution réside dans l'ablation du ou des polypes, du ou des fibromes, dans un traitement de l'endométriose (par exemple par endométrectomie) ou dans la diminution de la quantité d'estrogènes prescrite. Dans ce dernier cas, seule la réapparition des bouffées de chaleur pourrait conduire à tenter une adjonction de phytoestrogènes.

La prise de poids éventuellement consécutive à l'adoption d'un THS peut-elle être contrôlée par l'adjonction de phytoestrogènes ?

Rappelez-vous : toutes les études disponibles sur le sujet montrent que les femmes sous THS sont plutôt plus minces que les femmes ayant choisi de ne pas être traitées hormonalement. Plus encore : les femmes sous THS ne subissent pas le déplacement des graisses vers le haut du corps, et jouissent donc d'une meilleure protection contre le risque cardio-vasculaire (cf. p. 135). L'association de phytoestrogènes au THS dans ce contexte n'a aucun intérêt, ni pratique ni même théorique.

Peut-on diminuer le risque de cancer du sein en associant des isoflavones de soja au THS ?

Comme nous l'avons vu, il existe actuellement sur le sujet une polémique médicale. Les dernières études en date (qui ne sont pas randomisées en double aveugle contre placebo et donc moins convaincantes) font état d'une augmentation infime du nombre de cancers du sein chez les femmes sous THS par rapport aux femmes non traitées (par exemple : six cas supplémentaires pour mille femmes sous THS pendant au moins dix ans).

À ce jour, la possibilité d'effacer ce risque hypothétique, voire de l'inverser, par une adjonction de phytoestrogènes n'est pas vérifiée. Même si, comme nous l'avons vu, les phytoestrogènes de soja semblent compter parmi les molécules antistrogéniques mammaires, même si à ce titre ils peuvent revendiquer une possible action anticancéreuse sur les seins, rien ne permet aujourd'hui de confirmer cet espoir. Nous ne pouvons nous fonder que sur l'expérimentation grandeur nature représentée par la population asiatique : ces femmes qui, depuis leur naissance et jusqu'à leur ménopause, sont à la fois imprégnées de leurs estrogènes d'origine ovarienne et de phytoestrogènes absorbés sous toutes leurs formes, ont moins de cancers du sein que les Occidentales. Attention : cette constatation ne nous permet en aucune manière de conclure que c'est leur alimentation qui les protège. Et si tel est le cas, nul ne peut affirmer si leur protection ne leur vient pas d'une consommation permanente depuis leur plus jeune âge. Il serait bien sûr intéressant de savoir ce qu'il advient des femmes asiatiques ménopausées ayant adopté un THS et continuant, bien sûr, à s'alimenter de façon traditionnelle : trouverait-on parmi elles une augmentation, même infime, du risque de cancer du sein ? Nous devrons attendre quelques années encore pour répondre à cette question importante.

Peut-on diminuer le risque de cancer de l'utérus en associant des isoflavones de soja au THS ?

Lorsque, en 1960, le docteur Wilson (États-Unis) commença d'administrer des estrogènes aux femmes ménopausées, il ne savait pas qu'il était nécessaire d'y adjoindre de la progestérone ou des progestatifs ; le nombre de cancers de l'utérus augmenta alors de façon importante chez les femmes traitées par rapport aux femmes non traitées. Il fallut plusieurs années pour que les chercheurs comprennent le rôle que pouvaient jouer la progestérone ou les progestatifs. Ceux-ci furent alors administrés au moins pendant douze jours par mois, laps de temps nécessaire pour ne pas augmenter le risque de cancer sous THS.

Il n'existe plus, à ce jour, de polémique médicale : les femmes ménopausées traitées par un THS cohérent (comportant suffisamment de progestérone ou de progestatifs) ne subissent plus aucune augmentation du risque de cancer de l'utérus.

Théoriquement, l'adjonction de phytoestrogènes pourrait diminuer encore ce risque mais aucune étude scientifique menée auprès des femmes (*in vivo*) ne permet de confirmer ou d'infirmer cet espoir.

L'administration d'isoflavones de soja en complément d'un THS aux femmes hystérectomisées (ayant subi une ablation chirurgicale de l'utérus) a-t-elle un intérêt ?

Ni plus ni moins que chez les femmes qui ont conservé leur utérus : les mêmes avantages réels (suppression des bouffées de chaleur) ou théoriques sont au rendez-vous.

Ce qu'il faut retenir : l'association d'isoflavones de soja au THS ne comporte a priori pas de risque particulier pour la santé (je dis *a priori* car cette association a été peu étudiée). Quant aux avantages espérés de cette association, ils doivent être encore largement documentés. C'est la raison pour laquelle, à mon avis, la seule indication positive probable actuelle de cette association réside dans la diminution des bouffées de chaleur et des suées résiduelles sous THS (si celles-ci persistent malgré de fortes doses d'estrogènes médicamenteux, ou si elles surviennent en raison d'une diminution trop importante des estrogènes rendue obligatoire par la survenue d'effets secondaires indésirables tels que douleurs ou kystes du sein, œdèmes, risques veineux...)

Isoflavones de soja :
les effets secondaires,

Y-a-t-il des allergies au soja ?

Oui, il y en a comme d'ailleurs pour toutes les autres composantes de l'alimentation : on peut être allergique au soja comme on l'est aux fraises ou encore aux crustacés... Ces allergies se manifestent le plus souvent de façon traditionnelle : urticaires, prurits plus ou moins généralisés, manifestations d'œdèmes pouvant, dans des cas rares, aller jusqu'à l'œdème de Quincke (difficultés respiratoires, œdème généralisé et nécessité d'intervention rapide).

L'une des principales ambitions des OGM (organismes génétiquement modifiés) est de retrouver les gènes responsables des principales allergies et de les modifier dans la nouvelle génération de plantes créées pour annuler ou tout du moins diminuer la fréquence et l'intensité de ces phénomènes allergiques. Les compléments alimentaires sous forme de gélules, comprimés et autres formes d'administration sont moins susceptibles que les aliments eux-mêmes de déclencher des allergies dans la mesure où l'ensemble des composés de la graine de soja n'est pas restitué dans ces produits commercialisés, qui privilégie les isoflavones.

Peut-on craindre des troubles intestinaux en absorbant du soja ?

Différentes intolérances gastro-intestinales au soja peuvent survenir : diarrhée, constipation, ballonnements, ce qui est le cas pour n'importe quel autre aliment. Il ne s'agit pas ici d'*allergies* au sens propre du terme mais bien d'intolérances. En fait, l'intestin est plus ou moins tolérant à l'ensemble des protéines, des corps gras, des différentes molécules chimiques entrant dans la composition du soja. Il est d'ailleurs possible de déclencher une intolérance au miso (soupe de soja fermenté très salée) en réagissant par ailleurs normalement au tofu.

Une intolérance gastro-intestinale aux compléments alimentaires peut également survenir mais beaucoup plus rarement. À ce sujet, n'oublions pas que le métabolisme des isoflavones de soja (les fameux phytoestrogènes) nécessite un transit intestinal de bonne qualité pour qu'ils soient correctement transformés en produits actifs : diarrhées et autres constipations sont des situations défavorables à la transformation des dérivés de soja en produits estrogéniques.

Une alimentation à base de soja fait-elle prendre du poids ?

Voilà une question star. L'obsession du poids est telle parmi nos contemporaines des pays occidentaux qu'il ne faut, en aucun cas, oublier de répondre.

Bien entendu, il est possible de prendre du poids en consommant des aliments à base de soja. Il suffit d'absorber plus de calories qu'il n'est nécessaire à la vie courante. Le mécanisme est identique à celui de toute erreur nutritionnelle. Il suffit que les calories du lait, des yaourts, de l'huile, du tofu, du miso, tous élaborés à partir du soja, soient absorbées en nombre supérieur à celui qui est dépensé chaque jour. Ce n'est pas la bonne qualité des corps gras contenus dans le soja qui met le consommateur à l'abri du surpoids. Tous les corps gras, qu'ils soient de bonne qualité ou de mauvaise qualité cardio-vasculaire, dégagent la même valeur énergétique : 1 g de corps gras de soja = 1 g de corps gras de beurre = 1 g de corps gras de margarine = 9 calories.

En revanche, les calories apportées par les différents compléments alimentaires sous forme de gélules ou de comprimés sont en quantité négligeable ; elles ne peuvent rien changer à la balance calorique de vos apports et de vos dépenses énergétiques quotidiens.

Les isoflavones de soja peuvent-elles provoquer des douleurs des seins ?

Théoriquement, parce que ce sont des molécules qui calment les glandes mammaires plus qu'elles ne les excitent, les isoflavones de soja passeraient plutôt pour des hormones antidouleur de seins. En fait, dans la pratique (nous manquons d'études), il ne semble pas que les grandes consommatrices de soja aient moins mal aux seins que les autres femmes. *A contrario*, la réponse à la question est simple : le soja (sous forme alimentaire complète ou sous forme de complément alimentaire) ne peut être tenu pour responsable de quelque douleur des seins que ce soit.

Les isoflavones de soja peuvent-elles être à l'origine de saignements ?

Certainement pas. La cavité utérine et sa muqueuse (qu'on appelle l'endomètre) restent absolument insensibles à l'action des isoflavones de soja : ni les petites filles avant la puberté, ni les femmes non traitées hormonalement après leur ménopause ne risquent le moindre saignement en absorbant des phytoestrogènes de soja, que ce soit dans le cadre d'une alimentation traditionnelle ou de la complémentation alimentaire sous forme de gélules ou de comprimés.

Les phytoestrogènes peuvent-ils provoquer des gonflements, de l'œdème ?

Au contraire des estrogènes classiques (fabriqués par les ovaires ou administrés sous forme médicamenteuse), les phytoestrogènes de soja ne provoquent aucun gonflement, aucune rétention d'eau, aucun trouble de la circulation veineuse, qu'ils soient présentés sous une forme alimentaire traditionnelle ou sous forme de complément alimentaire.

Le soja ou les compléments alimentaires à base d'isoflavones de soja comportent-ils des contre-indications médicales connues ?

Non, si on exclut les quelques rares cas d'allergies et d'intolérances gastro-intestinales banales. Le fait est particulièrement intéressant. Toutefois, il convient de s'interroger sur l'opportunité d'administrer des compléments alimentaires de soja sous la forme de gélules ou de comprimés aux femmes ayant eu un cancer du sein.

Les phytoestrogènes protègent-ils des cancers ?

Comme nous l'avons vu plus haut, il serait particulièrement malhonnête d'affirmer que le soja ou les phytoestrogènes de soja constituent une quelconque prévention de quelque cancer que ce soit.

La seule chose qu'un esprit scientifique est autorisé à affirmer, c'est qu'il existe des pistes qui pourraient conduire à formuler l'hypothèse que les phytoestrogènes, en particulier les isoflavones, ont une action protectrice contre certains cancers tels que celui du sein ou de l'utérus. Ces pistes n'ont encore été suivies qu'en laboratoire. Plus tard viendront les études humaines de méthodologie rigoureuse qui nous permettront de confirmer ou d'infirmer les espoirs donnés.

Peuvent-ils provoquer le cancer ?

La plupart d-   es des
popu   ..upart des
trava   ies animaux
semb.   s aliments tradi-
tionne   s compléments ali-
menta   éclosion de quelque
cancer

Quel es   mentation à base de soja sur l'hy   ielle ?

La pilu   e, mélange d'estrogènes et
de proge   nthèse, est capable, tout
comme la   oriser l'augmentation de
la tension   femmes prédisposées.
Cet effet n   uvé dans les traitements ho   ..aais (avec estrogènes
classiques) a. ia ménopause.

De la même façon, rien ne laisse à penser aujourd'hui que l'alimentation traditionnelle à base de soja ou les compléments alimentaires sous forme de gélules ou de comprimés puissent agir d'une manière ou d'une autre sur les chiffres de tension artérielle.

Est-ce qu'il est contre-indiqué de prendre des isoflavones de soja lorsqu'on fume ?

L'utilisation de la pilule contraceptive augmente

les risques cardio-vasculaires que l'intoxication tabagique fait encourir. Ce qui n'est pas le cas des traitements hormonaux substitutifs de la ménopause, ni
de la consommation de phytoestrogènes de soja.

L'obésité est-elle une contre-indication ?

En cas d'obésité, il faut être prudent lors de la
prescription de pilules contraceptives ou de traitements hormonaux substitutifs classiques de la
ménopause. Sont à craindre, en particulier, les
accidents veineux de type phlébite ou embolie pulmonaire. De surcroît, les facteurs de risque (hypertension artérielle, cholestérol et triglycérides éle-
vés, diabète) associés à cette maladie peuvent se
trouver potentialisés.

En revanche, les phytoestrogènes peuvent être
prescrits aux personnes obèses. Mieux encore,
l'adoption d'une alimentation traditionnelle à base
de soja pourrait présenter une solution d'hygiène
alimentaire orientée vers un mieux-être – rappelez-
vous que les acides gras apportés par les graines de
soja (par exemple dans le tofu et dans le lait de
soja...) respectent la santé des artères et du cœur,
au contraire des graisses d'origine animale (laitages, fromages, beurre, viandes grasses...)

Les problèmes de thyroïde interfèrent-ils avec la consommation de soja ?

Ni l'insuffisance de fabrication des hormones
thyroïdiennes (hypothyroïdie), ni son excès
(hyperthyroïdie), ni même le cancer de la thyroïde
n'ont d'interactions avec les aliments à base de soja
ou les compléments alimentaires.

Le fait d'avoir eu une phlébite, un caillot sanguin dans une veine ou une artère, ou une embolie pulmonaire, contre-indique-t-il les phytoestrogènes ?

Certes non. Contrairement à la pilule contraceptive (extrêmement dangereuse dans ce contexte) et au traitement hormonal substitutif classique de la ménopause (qui peut être, dans certains de ces cas, rigoureusement interdit), les phytoestrogènes de soja, quelle que soit leur forme d'ingestion, ne présentent aucun danger.

Un certain nombre de femmes se voient refuser les traitements hormonaux substitutifs de la ménopause en raison d'antécédents de phlébite ou d'embolie pulmonaire associées à des déficits congénitaux de certains facteurs de la coagulation ; l'utilisation du soja ou des compléments alimentaires de soja est alors une possibilité intéressante.

Qu'en est-il des antécédents de kystes ou de fibromes du sein ?

Ils ne constituent en rien une contre-indication à l'absorption d'isoflavones de soja. Ni d'ailleurs pas, la plupart du temps, à l'utilisation de la pilule ou des traitements hormonaux substitutifs de la ménopause. Toutefois, dans ces deux dernières prescriptions, il faut alors un certain doigté afin de trouver l'équilibre qui peut résoudre le problème mammaire ou, du moins, ne pas l'aggraver.

L'absorption du soja, sous quelque forme que ce soit (y compris de compléments alimentaires), n'aura aucune incidence ni positive ni négative dans ce contexte.

Peut-on prescrire des isoflavones de soja aux femmes ayant eu un cancer du sein ?

Cette question est actuellement fort débattue. Je vous rappelle que les indices sont nombreux qui conduisent à penser que les phytoestrogènes de soja tendent à protéger contre les risques de cancer du sein. Peut-on pour autant les administrer en toute innocuité à des femmes ayant souffert d'un cancer du sein, pour tenter de diminuer le nombre et l'intensité de leurs bouffées de chaleur ? La réponse est : oui, mais peut-être. À vrai dire, nous ne disposons pas d'études qui nous permettent de répondre de façon péremptoire. C'est la raison pour laquelle certains médecins vous déconseilleront de les utiliser dans ce contexte, alors que d'autres vous autoriseront, selon votre problème individuel (intensité des symptômes de bouffées de chaleur, ancienneté du cancer, type même de la tumeur, envahissement ganglionnaire lors du diagnostic, etc.). Aucun médecin, aujourd'hui, ne devrait agir avec désinvolture en la matière car, je le répète, nous ne disposons pas d'études qui nous permettent d'être sûrs de l'innocuité de la prescription.

En revanche, un consensus se dégage du débat : on ne doit pas conseiller de compléments alimentaires à base d'isoflavones de soja aux anciennes cancéreuses du sein sous Tamoxifène® (hormone de synthèse *antiestrogénique* dont l'ambition est de limiter de futures récidives). En effet, l'ignorance est encore totale sur l'action des isoflavones de soja sur les récepteurs mammaires : ne seraient-ils pas susceptibles, en prenant plus ou moins la place du Tamoxifène dans ces « serrures », d'en diminuer l'effet ? De toute façon, une très récente étude (randomisée contre placebo en double aveugle) a montré l'incapacité des phytoestrogènes de soja à diminuer le nombre des bouffées de chaleur dans cette situation.

À noter : des médecins japonais ne demandent jamais à leurs patientes cancéreuses du sein d'occidentaliser leur diète.

À quel moment de la vie doit-on commencer à absorber des isoflavones de soja pour diminuer le risque de cancer du sein ?

Beaucoup d'études disponibles semblent indiquer que l'absorption d'isoflavones de soja *après* la ménopause ne confère pas une quelconque protection contre ce risque particulier. La diminution du risque – si diminution il y a – suppose probablement que les isoflavones aient été consommées régulièrement *avant* la ménopause confirmée.

Peut-on prendre des isoflavones de soja après avoir eu un ou plusieurs fibromes de l'utérus, un ou plusieurs kystes de l'ovaire ?

Contrairement aux estrogènes classiques (fabriqués par vos ovaires ou administrés sous forme médicamenteuse), les estrogènes induits par les isoflavones de soja ne peuvent « nourrir » les fibromes de l'utérus. Rappelez-vous l'effet paradoxal des phytoestrogènes, différent de celui des autres estrogènes : ils « endorment » l'utérus et sa muqueuse au contraire des estrogènes classiques qui sont plutôt, eux, des « stimulateurs ».

Les estrogènes classiques n'ont aucune influence,

243

faste ou néfaste, sur les kystes de l'ovaire, les phytoestrogènes non plus. Vous pouvez donc consommer du soja ou des isoflavones de soja sous forme de compléments alimentaires si vous êtes concernée par cette question.

L'excès de cholestérol ou de triglycérides, un diabète contre-indiquent-ils l'absorption de soja ?

Ainsi qu'il a été exposé plus haut, c'est un des points positifs des isoflavones de soja et des protéines de soja : celles-ci favorisent la baisse du cholestérol total et augmentent la proportion du bon cholestérol (le HDL). Elles n'ont pas d'actions négatives ni sur les triglycérides ni sur le diabète. Vous pouvez donc consommer du soja ou des compléments alimentaires à base de soja si vous êtes dans ce contexte.

Qu'en est-il de l'infarctus du myocarde ou de l'accident vasculaire cérébral ?

La pilule contraceptive (contenant des estrogènes et des progestatifs de synthèse) est, dans ce cas, formellement contre-indiquée. Le traitement hormonal substitutif, selon une étude récente d'excellente méthodologie, pourrait avoir, s'il est utilisé dans l'année qui suit un accident cardio-vasculaire, une conséquence très légèrement défavorable (étude HERS). L'alimentation à base de soja et l'absorption de compléments alimentaires sont, en revanche, aujourd'hui considérés sans effet négatif.

Est-ce que l'on pourrait traiter le cancer
en général par une alimentation riche en soja ?

On peut toujours rêver ! Il paraît moins dangereux – tel est mon conseil – de s'en tenir aux traitements actuellement proposés (chirurgie, chimiothérapie, radiothérapie, et, un jour prochain,
peut-être, thérapie génique).

Des antécédents de cancer du côlon, de l'ovaire,
d'autres parties du corps contre-indiquent-ils
l'absorption de soja ?

Non, aucun cancer (si ce n'est celui du sein, voir
plus haut) ne semble être l'objet de quelque polémique que ce soit.

Les isoflavones de soja ont-elles une influence
quelconque sur le déroulement de la puberté ?

Aucune étude à ce jour ne permet de répondre à
cette question. Mais un fait est certain : l'âge des
premières règles des Asiatiques n'est pas sensible-
ment différent de celui des Occidentales.

L'absorption d'isoflavones de soja a-t-elle
des conséquences sur le physique et le psychique
des garçons et des filles avant leur puberté ?

Aucune conséquence physique, à coup sûr, ni
chez les garçons ni chez les filles : pas d'érection
prématurée ; pas de saignements ni de problèmes
de seins. Quant au psychisme, aucune étude, à ma
connaissance, n'a essayé d'en observer les éventuelles modifications.

Les phytoestrogènes ont-ils une action sur la durée du cycle et sur le moment de l'ovulation ?

Les travaux consacrés à ce sujet permettent de répondre que les isoflavones de soja ont un impact sur le moment du déclenchement de l'ovulation et sur la durée du cycle. Soyons clairs : les modifications induites sont extrêmement discrètes ; elles ne semblent modifier le déroulement des cycles que de quelques heures ou de quelques jours. Les isoflavones de soja administrées à une jeune femme aux cycles normaux ne peuvent avoir aucune conséquence fondamentale en ce domaine.

Les phytoestrogènes ont-ils la possibilité de déclencher les règles lorsque celles-ci sont absentes ?

Non, et cela quelle que soit la raison de l'absence de règles : anorexie, maigreur, choc, émotion, grossesse, périménopause ou ménopause. Je rappelle, en effet, que les phytoestrogènes n'ont pas d'action sur la muqueuse utérine, ce précieux tissu qui, lorsqu'il desquame, produit les règles.

Y a-t-il une interférence possible entre la pilule contraceptive, le soja et les isoflavones ?

Aucune connue. Une certitude : l'absorption de phytoestrogènes, même si elle interfère avec la pilule contraceptive, n'en diminue aucunement l'efficacité et ne suppose donc pas de précautions contraceptives supplémentaires.

Peut-on retarder la ménopause en absorbant des phytoestrogènes ?

L'âge de la ménopause est déterminé de façon génétique ; ni les phytoestrogènes ni d'ailleurs aucune autre molécule ne peut, à ce jour, en modifier la date de survenue.

Il est possible, cependant, que les phytoestrogènes soient capables, modestement, de diminuer certains inconvénients de la périménopause (cette période qui précède de quatre à cinq ans la ménopause proprement dite), notamment en atténuant le nombre et l'intensité des bouffées de chaleur.

Les phytoestrogènes ont-ils une quelconque action favorable ou défavorable sur les bébés ?

Aucune étude ne s'est intéressée, autant que je sache, à ce sujet particulier. Considérons ici que des millions d'Asiatiques depuis des millénaires font absorber à leurs bébés des aliments dérivés du soja sans qu'aucune conséquence, négative ou positive, ait été portée à notre connaissance. À noter : un certain nombre de médecins pensent que l'éventuelle protection conférée par les isoflavones de soja sur le risque de cancer de la prostate ou du sein pourrait provenir de la précocité de l'alimentation riche en soja.

Le soja et les isoflavones de soja pourraient-ils, grâce à une action bénéfique sur l'ovulation ou les spermatozoïdes, constituer une sorte de traitement de l'infécondité ?

Nous l'avons vu, les isoflavones de soja semblent avoir une action sur les hormones FSH et LH, qui transmettent les ordres de l'hypophyse aux ovaires ou aux testicules, notamment celui de fabriquer les ovules chez la femme et les spermatozoïdes chez l'homme. Les phytoestrogènes seraient ainsi capables, tout du moins chez la femme, de modifier le moment crucial auquel l'ordre de l'ovulation est donné. De là à en faire un traitement en vue d'améliorer l'ovulation, il n'y aurait qu'un pas... mais aucune étude n'est encore jamais allée dans ce sens.

Peut-on modifier l'abondance des règles en absorbant des phytoestrogènes de soja ?

En théorie, l'abondance des règles devrait être quelque peu diminuée par l'absorption d'isoflavones de soja. En effet, celles-ci ont un effet « anti-développement de la muqueuse utérine ». Or les règles sont d'autant plus abondantes que celle-ci est épaisse. En pratique, les phytoestrogènes n'ont jamais été étudiés dans ce contexte. De toute façon, il ne faut pas en attendre des miracles ; il est peu probable que les isoflavones de soja représentent jamais une solution pour diminuer le flux des règles hémorragiques.

Les isoflavones de soja pourraient-elles agir favorablement sur un fibrome de l'utérus ?

En théorie encore, les phytoestrogènes revendiquent une action de freinage sur le développement d'un fibrome de l'utérus. Dans la pratique, rien de tel n'a été observé. Il est inutile à ce jour de spéculer en ce sens.

*Les phytoestrogènes pourraient-ils
avoir une action favorable sur l'endométriose
ou l'hyperplasie de la muqueuse utérine ?*

La réponse est la même que celle qui a été donnée pour les fibromes.

*Les hommes qui absorbent du soja
ou des phytoestrogènes peuvent-ils craindre
une féminisation de leur corps
ou des conséquences négatives en ce qui concerne
leurs performances sexuelles ?*

Bien que les phytoestrogènes soient des molécules qui ressemblent d'assez près aux estrogènes, principales hormones sexuelles féminines, il n'existe aucune féminisation possible des hommes soumis à ce régime. La libido et la performance érectile restent parfaitement normales. *A contrario,* les isoflavones de soja ne semblent pas conférer à leur consommateur une quelconque supériorité sexuelle.

*L'absorption de soja ou de phytoestrogènes
peut-elle baisser le taux de testostérone
présent chez les hommes (ou chez les femmes) ?*

La testostérone est la principale hormone mâle. Elle est fabriquée principalement par les testicules, chez l'homme, par les ovaires (même après la ménopause) et les glandes surrénales, chez la femme.

La consommation de phytoestrogènes ne semble avoir aucune action particulière dans ce contexte.

Les phytoestrogènes de soja confèrent-ils une protection contre le risque de cancer de la prostate ?

Les travaux expérimentaux vont dans ce sens. Les constatations épidémiologiques semblent, elles aussi, favorables : un Chinois vivant à Shanghai a infiniment moins de chance d'être atteint par cette maladie qu'un Américain vivant à San Francisco. Cependant, nous n'avons aucune certitude scientifique, tant chez les hommes pour le risque de cancer de la prostate que chez les femmes pour le risque de cancer du sein. Les soupçons portent actuellement sur l'importance du début de la consommation : seraient sans doute mieux protégés ceux qui absorbent des isoflavones de soja tôt dans leur vie.

Les isoflavones de soja ont-elles une quelconque influence sur le cancer des testicules ?

Rien ne permet aujourd'hui de penser que les isoflavones de soja puissent représenter une quelconque protection ni qu'ils puissent enrayer l'évolution d'un cancer des testicules, une fois la maladie installée.

Quelles pourraient être les conséquences de l'absorption prolongée des isoflavones de soja chez l'homme ?

Probablement une diminution du cholestérol sanguin, des triglycérides (autres graisses sanguines dont l'augmentation dans le sang représente un facteur de risque cardio-vasculaire). La diminution du risque de cancer de la prostate n'est encore que spéculative. Quant à l'effet positif éventuel des isoflavones sur le squelette (diminution du risque d'ostéoporose), s'il existe, il concerne beaucoup plus les femmes que les hommes, qui sont infiniment moins menacés par la maladie.

Le soja ou les phytoestrogènes sont-ils intéressants pour les hommes (ou les femmes) qui pratiquent le body-building ?

Les principales hormones qui déterminent l'augmentation de la masse musculaire aussi bien chez l'homme que chez la femme sont les hormones mâles, testostérone en tête. Les estrogènes classiques n'ont pas cette propriété, même si leur présence est essentielle au maintien de la masse musculaire chez la femme après la ménopause. Les phytoestrogènes ne semblent avoir aucun intérêt dans ce contexte.

Le soja et l'ostéoporose

Les phytoestrogènes ont-ils une action démontrée dans la prévention de l'ostéoporose ?

Certainement pas. Bien sûr, nous l'avons vu (cf. p. 127), il existe un certain nombre de présomptions en faveur de l'intérêt des phytoestrogènes dans la lutte contre l'ostéoporose. Une certitude : si action positive il y a, celle-ci est certainement moins pertinente que celle du traitement hormonal substitutif ou celle des biphosphonates, ou encore des SERM (le raloxifène par exemple).

Les phytoestrogènes ont-ils une action comparable à celle du traitement hormonal substitutif ou des biphosphonates ?

La seule action scientifiquement démontrée aujourd'hui concerne l'ipriflavone. Il s'agit là d'un médicament dont les doses actives sont infiniment plus puissantes que celles apportées par un simple complément alimentaire contenant entre 50 et 100 mg d'isoflavones.

Les isoflavones de soja peuvent-elles avoir un quelconque effet de prévention lorsqu'elles sont absorbées bien avant la ménopause ?

Le capital osseux féminin reste relativement stable jusqu'à la périménopause, c'est-à-dire jusqu'au début de désorganisation des cycles ovariens. L'absorption de phyto-hormones dans les années qui précèdent cette périménopause ne devrait donc pas avoir de conséquence particulièrement notable sur la préservation de ce capital osseux.

Les hommes peuvent-ils bénéficier d'une protection osseuse grâce aux phytoestrogènes ?

Les hommes sont beaucoup moins menacés par l'ostéoporose que les femmes ; chez eux, la maladie reste très rare. Le fait réduit d'autant l'intérêt de l'absorption d'isoflavones par les hommes pour une prévention de la décalcification osseuse.

Peut-on ajouter du calcium et de la vitamine D aux phytoestrogènes ?

Rien ne s'y oppose. Je rappelle cependant qu'il ne faudrait pas compter sur un effet particulièrement pertinent de l'association par rapport aux autres moyens existants.

Peut-on espérer augmenter les propriétés antiostéoporose des isoflavones en absorbant des quantités supérieures à 60-100 mg d'isoflavones par jour ?

Personne n'est aujourd'hui capable de répondre ; les études scientifiques sur le sujet manquent. Rappelez-vous que la dose maximale absorbée dans le monde est celle des Japonais ; elle est de 200 mg d'isoflavones par jour : nul ne peut dire si une posologie supérieure comporterait des risques. L'ipriflavone, médicament non commercialisé dans notre pays, semble, lui, revendiquer une action antiostéoporose intéressante.

Comment savoir si je prends un risque supplémentaire en décidant de m'en remettre exclusivement aux isoflavones de soja pour lutter contre l'ostéoporose ?

C'est extrêmement simple : faites une densitométrie osseuse tous les deux ans (en utilisant la même machine, indiquée par le même médecin, afin que les comparaisons soient valables) et assurez-vous ainsi de la stabilité de votre capital osseux. Vous pouvez aussi, pour contrôler les marqueurs osseux entre chaque densitométrie, faire effectuer des analyses de sang et d'urine. Si votre capital osseux est stable, vous le devrez peut-être à votre constitution, et, peut-être aussi, aux isoflavones ; nous touchons à un domaine particulièrement mal exploré par la recher   fique. Si vous constatez une dégradation   pas à faire appel à des moyens qui   rs preuves, tels que le THS, les biphosp   encore le raloxifène.

Puis-je es[   ]er mieux
si j'ajout[   ] à mon traitement
hormon[   ]

Cette   ente pour les femmes dont la   nes ne peut être élevée en rais   ce (par exemple, douleurs   ucune étude ne permet d'y r[   ]   n'y a pas d'opposition form   isoflavones – si l'associatior   dans ce contexte, au m[   ]   ine inoffensive.

Peut-on associer les isoflavones
et les biphosphonates ou les isoflavones
et le raloxifène pour la prévention
de l'ostéoporose ?

Je ferai ici la même réponse : aucune étude ne nous permet de répondre clairement à cette question. En ce qui concerne l'association isoflavones-raloxifène, je resterai prudent : comme avec le tamoxifène, une compétition pour les récepteurs aux estrogènes pourrait se trouver engagée ; le mécanisme est trop subtil pour que le risque soit pris d'associer les deux molécules.

*Peut-on espérer diminuer les douleurs
articulaires en absorbant des isoflavones ?*

Le THS (traitement hormonal substitutif de la
ménopause) améliore fréquemment et rapidement
(en quelques semaines) les douleurs articulaires et
musculaires. À ce jour, aucune étude n'a exploré
l'impact des isoflavones sur ces symptômes.

*Le lait de soja peut-il être d'une aide
dans la prévention de la décalcification osseuse ?*

La consommation de lait de soja apporte une
bonne quantité de calcium en même temps qu'une
bonne dose d'isoflavones. Cependant, le lait de
soja et ses dérivés (yaourts, fromages...) ne peuvent
être considérés comme des moyens de prévention
majeurs : le seul avantage de ces produits sur le
lait de vache (qui lui-même reste d'un intérêt
mineur dans la prévention de l'ostéoporose) est
de comporter des isoflavones de soja – or vous
connaissez désormais l'incertitude qui affecte l'hypothèse d'une efficacité des isoflavones pour la
prévention de l'ostéoporose.

Le soja et la prévention cardio-vasculaire

*Les isoflavones de soja peuvent-elles remplacer
les médicaments contre le cholestérol ?*

Certainement pas. Certes, les isoflavones de soja
ont montré leurs capacités d'optimiser les anoma-

lies du cholestérol et des triglycérides (cf. p. 168). Toutefois, elles ne peuvent se substituer aux véritables médicaments. Tout au plus peut-on penser que les femmes et les hommes souffrant d'hypercholestérolémie très modérée peuvent, dans le cadre d'une hygiène de vie qui associe l'activité physique à la sélection des aliments ingérés, augmenter les bénéfices qu'ils tireront de leurs nouvelles habitudes en absorbant des isoflavones.

Il n'y a pas d'interaction connue entre les isoflavones de soja et les médicaments hypocholestérolémiants. Il est impossible d'affirmer, enfin, que l'absorption concomitante d'isoflavones de soja et d'un médicament hypocholestérolémiant potentialise des effets positifs de ce dernier.

À ce propos, je vous livre une information très récente : la démonstration a été faite que la famille des médicaments hypocholestérolémiants appelée statines détient une action antiostéoporose !

Peut-on considérer que les phytoestrogènes peuvent remplacer les médicaments qui dilatent les artères ?

Non ! Les médicaments vasodilatateurs (utilisés dans le contexte de l'angine de poitrine et de l'infarctus du myocarde) ne sauraient être remplacés par les isoflavones. Il est probable que ces dernières ont des effets vasodilatateurs mais certainement trop faibles pour entrer en concurrence avec les médicaments prescrits par le cardiologue qui cherche à augmenter un calibre artériel dangereusement rétréci.

Les phytoestrogènes peuvent-ils avoir un quelconque intérêt dans le traitement de l'hypertension artérielle ?

Les médicaments hypotenseurs ne doivent pas être remplacés par les isoflavones de soja ; si ces dernières ont démontré leur effet favorable à l'équilibre de la tension artérielle, leur action reste insuffisamment prouvée, et d'une efficacité très probablement trop faible pour se substituer aux médicaments.

Peut-on utiliser les phytoestrogènes pour traiter les troubles du rythme cardiaque ?

Aucune étude, à ma connaissance, ne s'est intéressée à ce sujet particulier. Extrasystole, palpitations et troubles plus ou moins graves du rythme cardiaque sont et doivent rester du domaine de la prescription médicamenteuse.

Peut-on espérer réduire son risque d'infarctus du myocarde en consommant des isoflavones ?

L'espoir existe mais non la certitude. Nous avons vu que les isoflavones ont un effet vasodilatateur et un effet réducteur des principales graisses sanguines impliquées dans les accidents cardio-vasculaires (cholestérol et triglycérides). Cependant, avant qu'il soit possible d'affirmer que les isoflavones de soja diminuent le risque d'accident cardio-vasculaire, il faudra, comme c'est la règle dans nos milieux scientifiques, qu'une ou plusieurs études randomisées le prouvent.

Le soja et ses dérivés ont-ils une action anticoagulante ?

Les travaux de laboratoire semblent montrer que les isoflavones de soja s'opposent à la thrombose, c'est-à-dire à la formation de caillots sanguins. Cette action ne peut être comparée à celle, très puissante, des médicaments anticoagulants utilisés, par exemple, pour les phlébites, les embolies pulmonaires, les accidents cardiaques ou cérébraux. Notons cependant que, contrairement aux estrogènes (principalement ceux qui sont pris par voie orale), les isoflavones de soja ne semblent pas favoriser les accidents veineux ou artériels de coagulation.

A-t-on démontré qu'il existe une interaction quelconque des isoflavones de soja et des médicaments anticoagulants ?

Je n'ai pas connaissance d'études ayant traité le sujet.

La peau, le poil, les cheveux, les ongles et les dents

Y a-t-il des allergies cutanées au soja ?

Certainement, mais elles sont exceptionnelles. J'écris « certainement » car il n'est pas pensable qu'un aliment soit totalement incapable de développer un phénomène allergique. Une allergie alimentaire se signale en général par des « rushes cutanés », c'est-à-dire l'apparition, dès l'ingestion de l'aliment allergisant, de petits boutons qui démangent furieusement. C'est le cas de l'allergie aux fraises, aux crustacés, et – pourquoi pas ? au soja. Dans ce cas, il est conseillé de ne pas absorber de soja.

En cas d'allergies cutanées au soja, peut-on absorber des compléments alimentaires ?

Tout dépend de l'élément de la plante soja auquel on est allergique : ce peut être un des acides aminés composant une des protéines... Il est donc possible d'être allergique au soja entier sans l'être aux compléments alimentaires, qui ne contiennent pas tous les composants de la plante soja, loin s'en faut.

Les phytoestrogènes de soja peuvent-ils jouer un rôle dans la lutte contre le vieillissement cutané ?

En ce qui concerne les phytoestrogènes absorbés par voie orale, l'hypothèse est vraisemblable, compte tenu de leurs propriétés antiradicalaires libres – démontrées en laboratoire.

Il existe deux crèmes cutanées contenant des phytoestrogènes à appliquer quotidiennement sur le visage et sur le cou. Ce sont Fadiamone® et la toute récente Evestrel® crème.

Est-ce que les phytoestrogènes de soja font pousser les poils ?

Certes non puisqu'il s'agit de molécules chimiques ayant une ressemblance avec les estrogènes, c'est-à-dire avec les hormones féminines par excellence.

Les phytoestrogènes peuvent-ils créer ou augmenter l'acné et ou la séborrhée ?

Il s'agit là de faits habituellement observés chez les femmes dont le sang contient des hormones mâles en quantité excessive. Les phytoestrogènes étant des hormones proches des estrogènes, hormones féminines, il n'y a pas lieu de craindre cet effet secondaire.

Les phytoestrogènes de soja peuvent-ils s'opposer à la chute des cheveux ?

Les estrogènes de la femme sont des hormones qui, en luttant contre l'action des hormones mâles, peuvent s'opposer à la chute des cheveux. L'alopécie consécutive à un excès d'hormones mâles peut donc trouver une solution thérapeutique dans l'administration d'hormones estrogènes.

Qu'en est-il des phytoestrogènes ? Aucune étude portant sur le sujet n'a été mise en œuvre ; il est probable que leur effet protecteur ou curatif de la chute des cheveux ne puisse être sérieusement envisagé.

Est-ce que les phytoestrogènes ont une action contre les taches brunes ?

Ces taches apparaissent sur la peau le plus souvent à la maturité ; elles sont un signe du vieillissement cutané. Certaines femmes en auront beaucoup, sans s'être jamais beaucoup exposées au soleil ; d'autres n'en auront pas bien qu'adeptes du bronzage. Ni les hormones du traitement hormonal substitutif ni, *a fortiori*, les phytoestrogènes ne sont capables de les faire disparaître. Un bon dermatologue en fera son affaire (azote liquide, meulage, laser, etc.)

Les phytoestrogènes peuvent-ils protéger contre les cancers cutanés ?

Ni de près ni de loin.

Les phytoestrogènes ont-ils une action démontrée contre le « masque de grossesse » ?

Ce « masque » apparaît sous forme de taches d'une couleur café au lait ou thé sur le visage des femmes enceintes. L'origine en est manifestement hormonale, mais nous sommes incapables, à ce jour, de comprendre le mécanisme de la formation de cette pigmentation mélanique de la peau.

À ma connaissance, il n'existe pas d'études ayant étudié l'effet des phytoestrogènes sur le phénomène. À titre d'information : certaines pilules (contenant des estrogènes de synthèse) sont susceptibles de le favoriser.

Peut-on espérer améliorer son teint grâce à l'absorption de phytoestrogènes ?

Le traitement hormonal substitutif, parce qu'il est susceptible de dilater les petits vaisseaux qui courent à fleur de peau, améliore couramment un teint auparavant qualifié de blafard.

Nous avons vu que les phytoestrogènes revendiquent, eux aussi, une action vasodilatatrice (certainement plus modeste). Cependant, à ma connaissance, aucune étude sérieuse n'a démontré une quelconque action des phytoestrogènes sur le teint.

Les phytoestrogènes et le cerveau

Les phytoestrogènes peuvent-ils aider à lutter contre l'insomnie ?

Oui, si ces insomnies sont provoquées par les bouffées de chaleur et les suées caractéristiques de la ménopause. Ces symptômes troublent en effet le sommeil des femmes qui en sont les victimes. Or, rappelez-vous, les phytoestrogènes sont capables de diminuer de 45 à 50 % le nombre et l'intensité des bouffées de chaleur.

Les phytoestrogènes ont-ils une action contre les migraines ?

Les estrogènes constituent un bon traitement des migraines menstruelles – celles qui surviennent immédiatement avant, pendant ou immédiatement après les règles. Les gynécologues s'efforcent aujourd'hui d'éliminer le symptôme par la prescription d'hormones entrant dans un schéma thérapeutique plus ou moins sophistiqué. Considérer les phytoestrogènes comme une autre solution me semble a priori farfelu.

Les phytoestrogènes sont-ils « bons pour le moral » ?

Les estrogènes sont des molécules qui agissent sur le cerveau féminin comme de véritables antidépresseurs physiologiques. Il est courant, lors de l'instauration d'un traitement hormonal substitutif chez une femme ménopausée, de constater, dans les semaines qui suivent, un retour de sa joie de vivre.

Les Asiatiques et autres Japonais consomment-ils moins d'antidépresseurs que nous ?

C'est certain. Mais il est impossible d'établir une corrélation de ce fait avéré avec une consommation quotidienne de phytoestrogènes !

La libido est-elle améliorée par l'absorption de phytoestrogènes ?

Le traitement hormonal substitutif améliore très souvent (mais pas toujours) l'appétit sexuel des femmes, parce qu'il restaure la joie de vivre et efface la sécheresse vaginale, fréquente lors de la ménopause. Les phytoestrogènes pourraient avoir une action positive sur la muqueuse vaginale (plus ou moins, selon les études), mais n'ont, à ce jour, jamais revendiqué une quelconque amélioration de l'appétit sexuel.

Les phytoestrogènes pourraient-ils prévenir la maladie d'Alzheimer ?

Nul ne le sait. Je rappelle que le traitement hormonal substitutif semble induire une certaine protection contre cette méchante maladie. Mais il ne s'agit pas encore d'une certitude ; les études susceptibles de trancher définitivement la question sont longues et difficiles à mener. À plus forte raison, il est impossible d'affirmer que les phytoestrogènes apportent la moindre protection contre la maladie d'Alzheimer.

Le vagin et la vulve

Peut-on diminuer la sécheresse vaginale grâce aux phytoestrogènes ?

Avant la ménopause, la plupart des sécheresses vaginales sont dues soit à une infection mycosique (champignons) soit à une cause psychologique (les rapports sexuels ne sont pas désirés, pour une raison ou pour une autre). Les phytoestrogènes n'ont aucune place en ce domaine.

Après la ménopause, la sécheresse vaginale peut être provoquée par les deux causes citées, et aussi par la disparition des estrogènes du sang. Les phytoestrogènes se voient attribuer ou non, selon les études, une capacité d'améliorer l'inconvénient de façon sensible. On est loin, cependant, des résultats obtenus par le traitement hormonal substitutif, et même par l'application locale d'estrogènes (sous forme de crème, d'ovules, de gélules...).

Les phytoestrogènes pourraient-ils favoriser le cancer du col de l'utérus, du vagin ?

Le cancer du col de l'utérus est un cancer très fréquent : deux mille Françaises en meurent chaque année ! Il est, le plus souvent, sexuellement transmis dans la mesure où des virus appartenant à la famille des papillomavirus sont en cause. La détection des lésions provoquées par ces virus est réalisée grâce aux frottis de dépistage, qui donnent l'alerte. On considère aujourd'hui que le cancer du col n'est pas un cancer hormonodépendant : ni la grossesse, ni la pilule, ni le traitement hormonal substitutif de la ménopause, ni les phytoestrogènes n'ont d'influences fastes ou néfastes remarquables sur son éclosion. Le cancer du vagin peut faire l'objet de considérations identiques.

Les phytoestrogènes peuvent-ils provoquer des pertes blanches ?

La plupart du temps, les pertes blanches sont provoquées par une infection du vagin (mycoses, trichomonases et infections plus graves). Ni les hormones classiques ni les phytoestrogènes n'ont d'influence sur l'apparition et l'évolution de ces infections – encore qu'un vagin bien imprégné d'estrogènes se défende mieux, en théorie.

En revanche, la fabrication de la glaire ovulatoire, substance gluante, incolore, inodore, sécrétée par les glandes du col de l'utérus pour entraîner les spermatozoïdes fraîchement éjaculés vers l'utérus et vers les trompes, est, elle, considérablement favorisée par les estrogènes (ceux produits par les ovaires ou ceux administrés sous forme de

265

médicaments). Les phytoestrogènes n'ont aucune action particulière sur la glaire ovulatoire.

Les phytoestrogènes peuvent-ils permettre au vagin d'être moins resserré ?

C'est un fait couramment observé : lorsqu'une femme n'a pas de rapports sexuels pendant quelques semaines ou quelques mois, le calibre vaginal a tendance à rétrécir. Chez les femmes ménopausées, cette particularité s'ajoute à la carence hormonale estrogénique, qui induit plus ou moins une atrophie de la muqueuse vaginale. Il est donc facile de comprendre pourquoi certaines des femmes qui ne suivent pas de traitement hormonal substitutif de leur ménopause ne peuvent plus avoir de rapports sexuels : la sécheresse et le rétrécissement du calibre vaginal interdisent les rapprochements amoureux.

L'administration d'un traitement hormonal substitutif équilibré (ou, pour certaines, l'administration locale d'estrogènes) associée à une pratique sexuelle équilibrée permet, en général, de retrouver les performances perdues du vagin. Les phytoestrogènes semblent, eux, tout à fait incapables d'assumer ce rôle.

Les phytoestrogènes permettent-ils de lutter contre l'atrophie vulvaire ?

Il s'agit d'un phénomène fréquemment rencontré chez les femmes non hormonalement traitées après la ménopause. Les lèvres et les petites lèvres s'atrophient, allant jusqu'à perdre leur pigmentation. Souvent, en ce cas, le traitement hormonal substitutif de la ménopause fait merveille. Il n'existe pas d'action reconnue des phytoestrogènes dans ce contexte.

Les phytoestrogènes permettent-ils de lutter contre la perte des poils pubiens ?

Voilà un phénomène qui désole beaucoup de femmes : le triangle pubien blanchit puis se dégarnit. Un traitement hormonal substitutif de la ménopause n'a aucun intérêt dans ce cas, pas plus que les phytoestrogènes. Il s'agit d'un phénomène qui se trouve plutôt sous la dépendance des hormones mâles.

Les phytoestrogènes peuvent-ils rendre au clitoris sa faculté orgasmique ?

Le nombre d'orgasmes diminue après la ménopause, et ce d'autant plus que les femmes ne sont pas hormonalement traitées. Le clitoris est un organe sous dépendance des hormones mâles ; les phytoestrogènes ne devraient donc jouer ici aucun rôle particulier.

Peut-on améliorer une incontinence d'urine en absorbant des phytoestrogènes ?

L'incontinence urinaire survient sous l'effet d'un effort (la toux, l'éternuement, le fou rire, le mouvement...) ou en raison de l'incapacité de se retenir. Les deux inconvénients se mêlent parfois. L'adoption d'un traitement hormonal substitutif de la ménopause est susceptible d'améliorer considérablement les symptômes. Aucune étude à ce jour ne s'est intéressée à l'action des phytoestrogènes sur le phénomène.

Les phytoestrogènes peuvent-ils améliorer les prolapsus (ou descentes d'organes) ?

Les organes qui « descendent » sont soit la vessie (vers l'avant), soit l'utérus et son col (au milieu), soit le rectum (vers l'arrière), soit les trois en même temps. Ces dégâts ont été provoqués, en général, par des expériences d'accouchement. Ni le traitement hormonal substitutif ni, *a fortiori*, les phytoestrogènes ne peuvent agir en ce domaine.

Précautions d'emploi et interactions médicamenteuses

Les antibiotiques peuvent-ils interférer avec les phytoestrogènes ?

Oui. En effet, pour se transformer en génistéine et en daidzéine, les phytoestrogènes doivent disposer d'une flore microbienne intestinale parfaitement normale. Les antibiotiques ont pour effet secondaire, entre autres, de déséquilibrer cette flore et donc de compromettre la transformation des aliments ou des compléments alimentaires en molécules actives.

L'alcool est-il contre-indiqué lorsque l'on absorbe du soja ou des compléments alimentaires contenant des phytoestrogènes ?

Contre-indiqué, certainement pas. Les Asiatiques qui s'alimentent de façon traditionnelle ne se privent pas de boissons alcooliques. Mais l'alcool que vous absorbez peut avoir un effet sur votre intestin ; si celui-ci venait à être perturbé, l'efficacité des isoflavones de soja pourrait s'en trouver diminuée, voire empêchée. Par conséquent, l'absorption chronique d'alcool est susceptible d'annuler les effets bénéfiques attendus des phytoestrogènes, tandis qu'une absorption occasionnelle est sans conséquence.

Est-ce que la prise d'anti-inflammatoires peut avoir une répercussion sur l'efficacité des isoflavones de soja ?

Oui, si elle est permanente et si elle favorise votre fonctionnement intestinal ; selon les cas, l'efficacité des phytoestrogènes peut être compromise.

La constipation et la diarrhée peuvent-elles avoir un impact sur l'efficacité des phytoestrogènes ?

À l'évidence. Toute augmentation ou toute diminution du transit intestinal, pour peu qu'elle soit chronique, est un élément défavorable à la transformation des éléments du soja en principes hormonaux actifs. À noter : c'est la permanence de ces troubles qui compromet l'efficacité des phytoestrogènes.

Un traitement chimiothérapique du cancer compromet-il l'efficacité des phytoestrogènes ?

Aucune étude scientifique ne permet de répondre à cette question. Le comportement de l'intestin sous chimiothérapie et celui des différents récepteurs cellulaires intéressés par la chimiothérapie seraient à prendre en compte pour tenter de répondre à cette difficile question.

Le soja et les compléments alimentaires à base d'isoflavones interfèrent-ils avec les différents traitements de la stérilité ?

Aucune étude scientifique ne permet de répondre clairement à cette question. Les traitements hormonaux couramment utilisés pour améliorer la fécondité des femmes consistent, entre autres, en stimulations ou en inhibitions ovariennes plus ou moins prolongées (par exemple pour traiter l'endométriose). Il y a sans doute interférence entre les isoflavones de soja et ces différents traitements mais nul ne peut dire aujourd'hui si les interactions sont bénéfiques ou non. Tout au plus peut-on affirmer que celles-ci, si elles existent, ne sont probablement pas déterminantes.

La progestérone ou les progestatifs interfèrent-ils avec les isoflavones de soja ?

Même réponse que pour la question précédente.

Y a-t-il des médicaments réputés interférer avec les isoflavones de soja ?

Il n'existe aucune contre-indication d'association de médicaments connue à ce jour. N'oublions pas que les Asiatiques qui s'alimentent avec les dérivés du soja, absorbant ainsi entre 45 et 200 mg d'isoflavones par jour, ne connaissent pas de contre-indications médicamenteuses spécifiques.

Seuls les médicaments ayant un effet négatif sur l'intestin peuvent poser un problème, et encore : le seul risque, en ce cas, serait celui d'une inactivation biologique des isoflavones de soja.

Peut-on faire une « overdose » d'isoflavones de soja ?

La plupart des études épidémiologiques disponibles nous apprennent que les Asiatiques consomment entre 45 et 200 milligrammes d'isoflavones par jour – les Japonais étant les plus gros consommateurs. Ces doses ne provoquent apparemment aucun effet délétère. Les phytoestrogènes de soja n'existant pas sous une forme médicamenteuse, nous ne disposons à leur sujet d'aucune étude de toxicologie, en particulier sur la tolérance à long terme de doses supérieures à celles traditionnellement incluses dans l'alimentation.

Y a-t-il un danger à consommer du soja OGM, génétiquement modifié ?

Les Européens que nous sommes pensent qu'il pourrait exister des risques à long terme de consommer des végétaux dont on a modifié le patrimoine génétique. Les Américains, eux, ont une opinion contraire : ils considèrent que le danger potentiel sur la santé est nul... et ils en consomment.

À ce jour, le soja génétiquement modifié n'est l'objet d'aucune suspicion reliée à des faits de santé publique concrets et constatés.

12

Le soja dans votre alimentation

Le soja peut-il représenter une source de protéines dans mon alimentation ?

En Chine, le soja est considéré comme de la « viande sans os ». Il est vrai que, là-bas, dans l'alimentation traditionnelle, cette plante représente environ 60 % des apports protéiques quotidiens. Les protéines du soja sont équivalentes à celles de la viande, des laitages ou encore des œufs. Le soja serait même une source de protéines idéales dans la mesure où il apporte tous les acides aminés (les sous-unités qui, mélangées entre elles, composent l'intimité des protéines). Il manque un peu, cependant, de l'acide aminé méthionine. Cette méthionine est trouvée en concentration importante dans le riz, les pâtes ou encore le pain. Et c'est ainsi que le riz et le soja, base essentielle de la nourriture asiatique, constituent le *nec plus ultra* de l'apport protéique humain.

Les acides aminés sont les constituants basiques des protéines. Ces dernières sont essentielles pour la croissance des cellules et leur entretien. Une fois ingérées, elles sont « cassées » en acides aminés.

Parmi les vingt acides aminés nécessaires à la vie du corps humain, onze sont autoproduits par notre corps. Les neuf autres doivent absolument provenir de la nourriture. Les protéines de soja représentent un apport presque parfait de ces neuf acides aminés.

Si je décide d'absorber des protéines de soja, faut-il les ajouter à mon alimentation quotidienne ?

Sans doute non. Il faut éviter le double emploi : protéines traditionnelles plus protéines du soja ! Il faut choisir entre ces deux sources de protéines. Ceux qui veulent lutter contre les apports excessifs de graisse animale (présente dans les laitages, les fromages, etc.) trouveront dans l'absorption de protéines de soja une excellente solution.

Quels sont les principaux aliments à base de soja ?

Le tofu, le miso, les protéines de soja en poudre, les haricots de soja entiers, le lait de soja... Une demi-tasse de farine de soja contient approximativement 50 milligrammes d'isoflavones.

La sauce de soja et l'huile de soja, largement utilisées, ne constituent pas une bonne source d'isoflavones. Il existe aussi des « viandes » de soja : attention, la teneur en isoflavones de ces aliments n'est pas forcément respectée par les procédés de fabrication.

On assiste aujourd'hui à l'éclosion d'une deuxième génération d'aliments-soja : les crèmes glacées, les plats diététiques tout préparés, les hot-dogs, les hamburgers...

À partir de quelle quantité quotidienne le soja est-il susceptible de jouer un rôle de prévention ?

On se souvient qu'il faut absorber entre 40 et 50 g de protéines de soja chaque jour afin de pouvoir bénéficier d'une quelconque prévention. Une portion de tofu ou de lait de soja contient environ 7 g de protéines.

On considère que :
— 100 g de farine de soja contient 50 mg d'isoflavones.
— 30 g de graines de soja contiennent 42 mg d'isoflavones.
— 100 g de tofu contient 80 mg d'isoflavones.
— 220 g de lait contient 50 mg d'isoflavones.

Enfin, la plupart des aliments à base de soja contiennent entre 1 et 2 mg de génistéine par gramme.

Quelle est la quantité de génistéine présente dans les protéines de soja ?

Selon les produits, on trouve entre 0,5 et 1,5 mg de génistéine par gramme de soja.

Quelles sont les proportions de génistéine et de daidzéine ?

Il s'agit là des principales isoflavones, phytoestrogènes. Génistéine et daidzéine sont respectivement présentes à raison de deux tiers, un tiers dans la graine à l'état naturel.

Le soja contient-il des minéraux ?

Certes, et en particulier du calcium. Les graines de soja grillées contiennent 132 mg de calcium par quart de tasse.

Le tofu apporte entre 120 et 700 mg de calcium par portion.

Le tempeh est aussi un aliment extrêmement riche en calcium.

Le soja contient également du zinc, du magnésium, du fer, de l'acide folique...

Est-ce que le soja est gras ?

Prenons l'exemple d'une demi-tasse de graines de soja. On considère qu'elle apporte 144 calories ; 45 d'entre elles sont apportées sous forme de protéines, 27 sous forme d'hydrates de carbone (sucres lents) et 72 sous la forme d'acides gras. Il est possible d'acheter de la farine de soja « à 0 % de matières grasses ». Dans ce type d'aliments, sur 80 calories apportées, seules 3 proviennent des acides gras.

Est-ce que le soja fait grossir ?

Ni plus ni moins qu'un autre aliment. Pour grossir, il faut tout simplement absorber plus de calories qu'on en dépense (ce quelle que soit l'origine des calories ingérées). Le soja est un aliment « santé » non parce qu'il fait maigrir, mais parce que ses composants sont particulièrement bien équilibrés et que ses graisses sont d'origine végétale (et donc favorables à la santé de nos artères).

Quels sont les aliments les plus riches en isoflavones ?

Les compléments alimentaires sous forme de gélules ou de comprimés. Puis, dans une moindre proportion, les graines de soja entières. Les yaourts au tofu, les hot-dogs au soja n'apportent que seulement un dixième des isoflavones contenues dans les graines entières, dans le tofu et le tempeh.

Quelles sont les différences entre les aliments-soja et les compléments alimentaires ?

Les aliments-soja sont des sources particulièrement bien équilibrées de calories. Ils sont donc utilisables dans un régime alimentaire, en remplacement d'autres sources d'énergie mais non en supplément. Nous avons dit à quel point les protéines issues du soja étaient bénéfiques. Rappelons que les acides gras du soja, comme la plupart de ceux des autres plantes, ont des propriétés bénéfiques pour la prévention cardio-vasculaire.

À noter : l'adoption de compléments alimentaires (gélules et comprimés) permet d'absorber des quantités importantes d'isoflavones sans adopter définitivement une nourriture asiatique. Bien évidemment, les bénéfices attendus des seules isoflavones de soja sont différents de ceux apportés par une alimentation à base de soja entier : si vous continuez de consommer de la graisse animale (laitage, fromages, beurre...), il est évident que la prévention cardio-vasculaire sera moins pertinente.

Y a-t-il des intolérances alimentaires au soja ?

Oui. Surtout si vous décidez de changer brutalement et radicalement la composition de votre alimentation. Il pourrait en résulter une intolérance intestinale manifestée par des gaz, des gonflements, des douleurs. Pour éviter cet inconvénient, il convient d'être progressif.

Rappelons ici que les allergies au soja sont rares mais existent, quoique moins fréquentes que les allergies au lait, aux cacahuètes ou encore aux céréales.

Où puis-je acheter les aliments à base de soja ?

Dans les boutiques des quartiers chinois des grandes villes, dans les magasins spécialisés en produits biologiques, dans certains supermarchés.

Qu'est-ce qu'une farine de soja ?

Les farines de soja sont obtenues par la pulvérisation en poudre de graines de soja déjà cuites. Elles sont une source importante de protéines, de fer, de calcium et de vitamines B. Il en existe deux sortes : les classiques contiennent tous les éléments de la graine de soja : les « 0 % » et les « faibles en matières grasses » ont été privées de la plus grande partie des graisses. Toutes doivent être conservées au réfrigérateur.

Qu'est-ce que le TVP ?

C'est une protéine végétale faite à partir de farine de soja. La farine est compressée jusqu'à ce que les fibres des protéines changent de structure.

On obtient finalement un produit déshydraté. Celui-ci sera plongé dans l'eau bouillante avant consommation. Le TVP, riche en protéines, est très pauvre en graisses. C'est une excellente source de fibres.

Qu'est-ce que le tempeh ?

Il s'agit d'un plat traditionnel indonésien obtenu en mélangeant des graines entières de soja avec du riz ou du millet. Le tempeh doit incuber pendant vingt-quatre heures. Il se présente comme une sorte de gâteau mou au goût de noix ou de champignon. Il est très riche en fibres. On peut le griller comme un burger ou l'utiliser comme accompagnement d'autres plats. On peut aussi le surgeler pendant de nombreux mois. Il peut être conservé au réfrigérateur pendant dix jours. Parfois, comme tous les aliments fermentés, il se couvre d'une fine couche de moisissure qu'il suffit simplement d'éliminer avant sa consommation.

Est-ce que le lait de soja pourrait remplacer le lait de vache ?

Bien sûr. Il peut même être particulièrement utile aux personnes intolérantes au lactose. Le lait de soja est une source importante de protéines, de vitamines B et de fer. Il est obtenu par filtration des graines de soja cuites. Vous le trouverez sur tous les marchés chinois du monde, chez certains grossistes, certaines boutiques de santé... Il est souvent conditionné en pack stérile, mais vous pourrez en trouver du frais qu'il conviendra alors de conserver au réfrigérateur. Le pack de lait de soja, une fois ouvert, doit être placé au réfrigérateur et consommé dans les sept jours. Il existe aussi des laits de soja en poudre à conserver au réfrigérateur ou encore au congélateur. De nombreux laits de soja commercialisés sont enrichis de manière à approcher au mieux le lait de vache. On trouve par exemple des laits de soja enrichis en calcium, en vitamine D, en vitamine B12... On en trouve également de différents arômes : vanille, coco, chocolat... Il existe aussi de l'allégé à 0 % de matières grasses.

Un bébé peut-il boire du lait de soja ?

Sans doute. Mais, dans nos pays, nous préférons utiliser les laits maternisés, dont la composition est adaptée. En Asie, il existe cependant des formules de lait de soja pour bébé.

Qu'est-ce que le tofu ?

Cet aliment traditionnel est obtenu en extrayant un liquide (qui ressemble à du lait) des graines de soja cuites. Ce liquide est ensuite coagulé ; le résultat ressemble à de la feta ou à de la mozarella. Vous en trouverez dans des magasins spécialisés, sur les marchés chinois des grandes villes européennes, dans les boutiques spécialisées. Le tofu frais doit être conservé au réfrigérateur dans un récipient plein d'eau (à changer tous les jours). Vous pouvez acheter du tofu conditionné en pack stérile, à placer au réfrigérateur et à consommer dans les sept jours une fois l'emballage ouvert. Vous pouvez congeler le tofu, mais cela changera sa consistance, qui, de ferme, deviendra molle. Le tofu est une source importante de protéines. Il est riche en vitamine B, en fer, en calcium et... en acides gras (il contient 50 % de matières grasses). Il est pauvre en sodium et très riche en isoflavones de soja. Il existe du tofu allégé en matières grasses. La graisse du tofu est particulièrement favorable à la protection cardio-vasculaire..

Trois sortes de tofu sont disponibles :

— le tofu dur à faire cuire au barbecue ou à frire. C'est la forme la plus riche en protéines, en matières grasses, en calcium ;

— le tofu mou ;

— le tofu liquide, qui se présente sous forme de crème ; c'est le moins riche en matières grasses.

Les compléments alimentaires à base d'isoflavones sont-ils remboursés par la Sécurité sociale ?

Certainement non, car il ne s'agit pas de médicaments mais, comme leur nom l'indique, de compléments alimentaires.

Comment sont fixés les prix des compléments alimentaires ?

Les commerçants sont libres de vendre ces produits au prix qu'ils choisissent. Vous trouverez donc, selon les endroits, des variations non négligeables. À vous de faire jouer la concurrence.

Table

La photocomposition de cet ouvrage
a été réalisée par GRAPHIC HAINAUT
59163 Condé-sur-l'Escaut

Impression réalisée sur CAMERON par

BUSSIÈRE CAMEDAN IMPRIMERIES

GROUPE CPI

à Saint-Amand-Montrond (Cher)
pour le compte des Éditions Robert Laffont
en avril 2001

Nº d'édition : 41673/01. — Nº d'impression : 011670/4.
Dépôt légal : avril 2001.

Imprimé en France